Masterarbeit

im Masterstudiengang Klassische Philologie

Kritische Auseinandersetzung mit der Haltung von Kirchenvater Augustinus von Thagaste in Bezug auf die Nutzung der Redekunst und deren Weiterentwicklung innerhalb seines Lebens

vorgelegt von: Sonja Drieling

Abgabetermin laut Zulassungsbescheid: 23. Juli 2019

© 2023 Sonja Drieling

ISBN: 9783752820263

Herstellung und Verlag: BoD - Books on Demand, Norderstedt

Vorwort

Dieses vorliegende Werk basiert auf der von mir im Jahr 2019 verfassten Masterarbeit im Fach Klassischer Philologie am Lehrstuhl für Philosophie und Geisteswissenschaften der Freien Universität zu Berlin und wurde basierend auf den Werken „de doctrina christiana", „confessiones" und „de ordine" (in origine) im Schwerpunkt behandelt, wobei kleinere Nebenschriften des Kirchenlehrers aus Thagaste ebenso berücksichtigt wurden.

Die Arbeit ist von mir formuliert und erarbeitet worden und unterliegt nunmehr dem Originalrecht. Zitationen aus dem Inhalt sind mit Verweisen auf meine Arbeit rechtlich zu versehen.

Berlin, 2023

Inhaltsverzeichnis

I Einleitung

Augustinus von Hippo bietet als christlicher Vertreter der Spätantike vielerlei Möglichkeiten der Erforschung und Beschäftigung. Zum einen sind viele seiner theoretischen Schriften und Dialoge überliefert und zum anderen liegen uns ein recht umfangreicher Briefcorpus und von ihm gehaltene Predigten vor. Der Kirchenvater aus Thagaste hat verschiedene theologische, philosophische und gesellschaftskritische Themen zu Lebzeiten behandelt und sie teils in die Diskussion mit anderen gegeben. So konnte er sich nicht nur bei seinen Zeitgenossen, sondern auch bei der Nachwelt einen Kreis von Interessierten aufbauen.

Blickpunkt dieser Arbeit soll seine Haltung gegenüber der Rhetorik als einer der *artes liberales* sein, wobei ebenso seine geistige Fortentwicklung bezüglich dieser Disziplin beleuchtet werden soll. Für einen besonders dezidierten Eindruck werden daher nicht nur die biographischen und autobiographischen Angaben zu ihm herangezogen werden, sondern einige seiner theoretischen und praktischen Arbeiten. Außerdem wird es einen Einblick in die zu seiner Lebenszeit gängigen soziokulturellen Begebenheiten geben.

Während Augustinus selbst mit seinen „confessiones" viele autobiographische und mit den „retractationes" zeitliche Angaben liefert, rundet die Biographie von Possidius das Bild über ihn weitestgehend ab. Um seine praktische und theoretische Stellung zur Rhetorik innerhalb einer zeitlichen Entwicklung überblicksmäßig zu beurteilen, soll zunächst eine seiner Frühschriften, nämlich „De ordine", untersucht werden, woran sich schließlich sein bekanntestes rhetorik-theoretisches Werk „De doctrina christiana" und die „confessiones" anschließen werden. Eine dritte Gruppe von Quellen werden seine bis dato überlieferten Predigten und Briefwechsel sein, welche auf inhaltliche und stilistische Gesichtspunkte hin betrachtet werden sollen.

II Biographisches

II.I Allgemein

Gemessen an der bis heute überlieferten Vielzahl an Schriften von Augustinus von Hippo und an der zahlreichen Beschäftigung mit ihm innerhalb von Artikeln, Monographien sowie weiterer Veröffentlichungs- bzw. Lehr- und Diskussionsmodellen sind die biographischen Umstände und Zeitangaben zu dem in Thagaste geborenen Kirchenvater noch immer nicht in Gänze gesichert. So müssen vereinzelte Zeitangaben spekulativ gesetzt werden. Prof. Dr. Fuhrer durch ihre mannigfachen Veröffentlichungen zu Augustinus sowie Wilhelm Geerlings innerhalb seiner Schaubilder und Torsten Krämer in der Ausarbeitung seiner Dissertationsschrift sollen dem allgemeinen biographischen Abschnitt dieser Arbeit ihre Stütze geben. Hierbei sei anzumerken, dass jeder der hier aufgeführten Forscher seinen eigenen Schwerpunkt in der Lebensbetrachtung von Augustinus gesetzt hat. Während Prof. Dr. Fuhrer den Fokus auf den sozialgeschichtlichen Hintergrund gelegt hat, hat sich Wilhelm Geerlings vor allem um die Erforschung der Zahlenangaben bemüht, weshalb auch Prof. Dr. Fuhrer in ihrer Kompaktübersicht zu Augustinus auf seine Tabellen als Ergänzung zurückgegriffen hat.[1] Torsten Krämer stammt aus dem Bereich der Literaturwissenschaft und hat sich vor allem dem kulturwissenschaftlichen Aspekt der augustinischen Zeit gewidmet. Alle Ansichten zusammengefasst ergeben ein weitreichendes Bild zu dem Mann, dessen Haltung zur Rhetorik in ihrem Verlauf untersucht werden soll. Diese Angaben scheinen unerlässlich, um zu verstehen, wie sich Augustinus' Denken und sein Stil im Laufe der Zeit modifizieren konnten.

Neben den von Augustinus verfassten Bekenntnissen („confessiones") bieten seine später durchgeführten Korrekturen („retractationes") sowie die „vita Augustini" von Possidius ein biographisches Bild von Augustinus von Hippo. Zum größten Teil stammen die Informationen zu seiner Lebensbeschreibung aus eigenen Schriften, d.h. aus Selbstzeugnissen. Alleine die „confessiones" bieten einen Reichtum an Material bezüglich seiner Herkunft, Ausbildung und seinem intellektuellem und beruflichen Werdegang bis zu einem Lebensalter von zweiunddreißig Jahren. Ein enger Schüler von Augustinus war Possidius. Er schrieb nach dem Tod seines Lehrers eine biographische Schrift, welche im Wesentlichen die „confessiones" fortsetzt. Chronologische Einordnungen werden vor allem mit Hilfe der „retractationes" unterstützt und ergänzt. Inwieweit diese Zeugnisse aufgrund von Stilisierungen und Redaktionen einen historischen Augustinus hervorzubringen vermögen, ist eine Frage, auf die teilweise im Laufe dieser Arbeit eingegangen werden soll.[2]

Im Jahr 1975 hat Johannes Divjak siebenundzwanzig neue Briefe von/an Augustinus entdeckt. Sechsundzwanzig weitere folgten durch den Historiker Francois Dolbeau 1990. Vor allem die letztgenannten liefern ein Bild von Augustinus, wie es in den viel abgeschriebenen und später gedruckten Varianten nicht vermittelt wird. Eine nicht unumstrittene Autorität kommt hierbei zum Vorschein. Peter Brown vermutet in seiner Biographie, dass genau aus diesem Grund die Dokumente im Mittelalter selten kopiert worden sind.[3]

---

[1] Fuhrer, *Augustinus*, S. 57-63.
[2] Für ausführliche Betrachtungen hierzu siehe: Fuhrer, *Augustinus*, S. 14.
[3] Brown, *Augustinus von Hippo*, S. 81.

II.II Die wichtigsten Lebensstationen von Augustinus

Augustinus[4] wurde im Jahr 354 im nordafrikanischen Thagaste als Sohn des städtischen Beamten Patricius und der Monnica geboren. Er besuchte entsprechend dem traditionellen Bildungswesen zunächst den Elementarschul- und Grammatikunterricht in Thagaste, worauf ein Grammatik- und Rhetorikunterricht in Madauros (ehem. Numidien) folgte. Es ist belegt, dass durch Geldmangel innerhalb der Familie die Ausbildung für ein Jahr unterbrochen werden musste.[5]

Eine erste intensive Beschäftigung mit der Rhetorik hat Augustinus, als er sein Rhetorikstudium in Karthago beginnt. In diese Zeit fällt auch seine in den „confessiones" als so prägend dargestellte Lektüre von Ciceros „Hortensius" („Liebe zur Philosophie") und seine Zuwendung zu der aufströmenden Bewegung der Machinäer, auf die im Kapitel zu den „confessiones" näher eingegangen werden soll.[6] Auf Grund seiner erkannten Begabung in der Rhetorik wird er Rhetoriklehrer in Karthago und beschreitet nicht die Beamtenlaufbahn, die sich seine Eltern für ihn vorgestellt hatten. Sein Beruf führt ihn auch nach Rom und schließlich wird er 384 Rhetorikprofessor am kaiserlichen Hof in Mailand, d.h. im Alter von 30 Jahren hatte er bereits eine äußerst prestigereiche Position inne. Dort trifft er auch auf eine Person, die in den Mailänder Jahren das politische Geschehen am Hof mitprägte: Ambrosius. Diesem weist Augustinus im Prozess seiner Bekehrung eine zentrale Rolle zu. Bereits im Proömium seines Dialogs „De beata vita" nennt er ihn den „Polarstern", dessen Predigten ihm das ‚richtige' Gottesverständnis vermittelt hätten: „...*hic septentrionem cui me crederem didici...*"[7]

Nach seinem durch die „confessiones" berühmt gewordenen Konversionserlebnis zog Augustinus sich zusammen mit einigen Freunden und Schülern auf ein Landgut in Cassiciacum zurück in der Umgebung von Mailand. Dort entstanden seine Frühschriften, die als Cassiciacum-Dialoge bekannt sind. 387 lässt er sich dann noch in Mailand taufen und beendet zum Herbst desselben Jahres seine Professur am Hof. Mit dem Ziel ein Zönobium in Afrika zu gründen kehrt er nach einigen Zwischenstationen nach Thagaste zurück. In der Zwischenzeit sind bereits einige antimanichäische Schriften von ihm entstanden.

Sein Versuch sich völlig aus dem öffentlichen Amtsleben zurückzuziehen endet mit seiner spontanen Weihe zum Priester durch Bischof Valerius, als er 391 nach Hippo Regius reist und dort erkannt wird. In den Folgejahren etabliert er sich als Bischof von Hippo. Gleichzeitig kann er in Hippo seine eigene kleine kontemplative Lebensgemeinschaft in einem Kloster gründen, wo er bis zu seinem Lebensende auch forscht und schreibt. Außerdem beginnt er ab 393 mit seiner Predigtarbeit und seinem schriftlichen und verbalen Kampf vor allem gegen häretische Gruppierungen. In diesen Jahren entstehen Schriften wie die „confessiones", „de civitate die"

---

[4] Durch den Historiker Orosius ist noch das Gentilnomen Aurelius belegt (apol. 1,4), konnte allerdings in seinem Wahrheitsgehalt bisher nicht verifiziert werden.

[5] Augustinus, *confessiones*, Lib.2, III,6.

[6] Hinsichtlich des Werkes "Hortensius" beschäftigt sich Augustinus vor allem mit der Eschatologie des "Hortenius". Dieses Wirken steht im Zusammenhang mit seinen Ausführungen zur Weisheit und dem Intellekt in „De trinitate", 14,12. Dort nämlich gibt Augustinus eine Stelle aus der ciceronianischen Arbeit wieder, gemäß der im Jenseits die Beredsamkeit als auch die Tugenden nicht mehr benötigt würden, sondern das Glück einzig mittels Erkenntnis und Wissen bestehe: *„Si nobis, inquit, cum ex hac vita migraverimus, in beatorum insulis immortale aevum, ut fabulae ferunt, degere liceret, quid opus esset eloquentia, cum iudicia nulla fierent; aut ipsis etiam virtutibus? Una igitur essemus beati cognitione naturae et scientia."* Die Wiedergabe entspricht dem in Fragment 110 G geführten „Hortensius"-Ausschnitten. Im weiteren Kontext sagt er dann jedoch einschränkend, dass die vier Kardinaltugenden durchaus im Jenseits fortbestünden und auch erst dort vollkommen seien.

[7] Augustinus, *De beata vita*, 5,13,23.

als Antwort auf die antichristliche Polemik nach der Eroberung Roms durch Alarich, seine „retractationes" (Revision seiner eigenen bis dato publizierten Schriften) und Vieles mehr.

Als im Jahr 430 die Vandalen nach Nordafrika vordringen und auch die Stadt Hippo belagern, verstirbt Augustinus noch im selben Jahr im Alter von fünfundsiebzig Jahren.

II.III Selbstdarstellung in den „confessiones" und „retractationes"

Die ersten neun Bücher der „confessiones" berichten in Form einer Ich-Erzählung von den religiösen, intellektuellen und emotionalen Erfahrungen des Protagonisten Augustinus. Die übrigen Bücher sind vor allem seinen Überlegungen und Theorien zur intelligiblen Welt wie der sog. Memoria-Lehre, der Erbsündenlehre, der Zeit, der Wahrheit und Weiterem gewidmet. Dennoch tauchen im autobiographischen Anteil des Werkes auch mehrere philosophische Themen auf. Sie sind wie Einschübe in zuvor geführte Erzählungen eingebettet und zerreißen hier und da den Lesefluss. So wird die Gartenszene, in der Augustinus' Bekehrung stattfindet, jäh unterbrochen und stattdessen ein Exkurs über den Willen und das Wollen gemacht.[8]

Der Stil lässt sich als analytisch und reflektierend charakterisieren, denn Augustinus versuchte –im Gegensatz zu seinem Schüler Possidius, der unangenehme Themen aus Augustinus' Leben gemäß einer hagiologischen Darstellung zu vermeiden suchte- sich seine eigenen menschlichen Fehler einzugestehen und sie vor Gott zu bekennen. Zur Zweideutigkeit des titelgebenden Wortes „confessiones" schreibt Prof. Dr. Fuhrer, dass die Vokabel sowohl den Prozess des Schuldeingeständnisses meinen kann als auch den der nach Vergebung suchenden Bekenntnis vor Gott.[9] Beides jedenfalls betreibt Augustinus hier. Es finden sich Details über die Liebschaften in seiner Jugend, über einzelne Diebstähle und vor allem über seinen Hochmut (*superbia*)[10], welcher ihn neben den fleischlichen Begierden zunächst davon abgehalten habe, den Weg Gottes vollends zu gehen. Augustinus schildert, wie viel ihm die Ehrbekundungen anderer bedeutet hätten, die ihm ob seiner Redefähigkeiten gelobt hätten. Auch zeigt er auf, dass er den weltlichen Begierden nicht so einfach hatte entsagen können, trotzdem ihm irgendwann die Wahrheit und der rechte Weg eines Christen bewusst gewesen seien:

„*Et mirabar, quod iam te amabam, non pro te phantasma, et non stabam frui deo meo, sed rapiebar ad te decore tuo moxque diripiebar abs te pondere meo et ruebam in ista cum gemitu; et pondus hoc consuetudo carnalis. Sed mecum erat memoria tui, neque ullo modo dubitabam esse, cui cohaererem, sed nondum me esse, qui cohaererem, quoniam corpus, quod corrumpitur, adgravat animam...*"[11]

Interessant ist, dass Augustinus als Begründung für seine noch nicht erfolgte Konversion den Kampf der Seele gegen den Leib anführt. Seine Eltern, welche für ihn ein gutbürgerliches Leben wünschten und damit eine Ehe zu einem jungen Mädchen arrangierten, das noch nicht im heiratsfähigen Alter war und daher noch einige Jahre warten musste bis zur Eheschließung, suchten ihn in ein sittlicheres Leben zu führen. Zu der Zeit hatte Augustinus jedoch eine Konkubine, mit der er regelmäßig verkehrte. Auch als die Ehe schon geplant war, widmete er sich weiterhin seinen sexuellen Begierden, die er selbst als Grund angibt für seine noch nicht

---

[8] Flasch, S. 212-216.
[9] Fuhrer, Augustinus, S.8.
[10] Skutella S.91.
[11] Idem, S.145.

durchgeführte Konversion. Die Ehe zögerte er weitestgehend heraus, wünschte er doch insgeheim, sich irgendwann dem Christentum anzuschließen. Eine interessante andere Sicht auf diese Phase bietet Prof. Dr. Fuhrer: Sie sieht den sozialen Druck als entscheidenden Punkt, der Augustinus noch von der Konversion abgehalten habe: Zum einen war er beruflich am Mailänder Hof verbandelt. Zum anderen war ein Teil der höfischen Rädelsführer der *renovatio* der heidnischen Bildung verschrieben und hätte wohl kaum einen Christen als *magister rhetoricae* gerne gesehen.[12] Auch die Tatsache, dass Victorinus ihm als Konvertit ein Vorbild gewesen sei soll, nachdem dieser ob des Rhetorenedikts durch Kaiser Julian 362, welches Christen die Lehrtätigkeit untersagte, sein Amt als Rhetorikprofessor aufgegeben und sich für ein Leben der stillen Forschung entschieden hatte, habe ihm nicht den entscheidenden Mut zum Wandel bringen können.

Daher inszeniert Augustinus seinen Ausstieg als eine höhere Fügung mittels eines stilisierten Konversionserlebnisses. Zuvor werden zwei andere Konversionen proleptisch eingeflochten, welche nach einem ähnlichen Schema wie seine eigene abgelaufen seien: Zwei kaiserliche Beamte hätten sich vom Text der „Vita Antonii", den sie zufällig in einem Haus gefunden hätten, dazu bringen lassen, asketisch zu leben. Eine zufällig aufgeschlagene Seite habe im Sinne einer göttlichen Botschaft fungiert. Der Augustinusforscher Pieree Courcelle geht davon aus, dass die parallel aufgebaute Gartenszene bei Augustinus' Erlebnis nicht als reales Erlebnis, sondern als stilisierte Darstellung der Wirkung der Pauluslektüre verstanden werden sollte.[13] Dennoch habe erst die Bekehrung ihm den letzten Anstoß gegeben allem Körperlichen zu entsagen. Augustinus bricht mit seiner Biographie an der Stelle ab, als er die Bekehrung bereits erlebt hatte und mit seiner Mutter eine Überfahrt mit dem Schiff gen Thagaste machen wollte. Buch Neun schließt mit dem Ableben der Mutter. In Buch Zehn bis Dreizehn wird klar, dass das Bild von Possidius, sein Freund Augustinus habe mit großer Würde den weltlichen Genüssen wie fleischlicher Begierde entsagt, nicht dessen Innenleben widerspiegelte. Augustinus schildert ganz klar, dass es schwer für ihn sei und dass er des Nachts lüsterne Träume habe.[14] Es sei eine Schwierigkeit bei Speisen das richtige Maß zu halten und zu entscheiden, ab wann es nicht mehr notwendiges Speisen, sondern begieriges Essen sei:

„...infirmitas mea tibi nota est. [...] Sed adhuc vivunt in memoria mea, de qua multa locutus sum, talium rerum imagines, quas ibi consuetudo mea fixit, et occursantur mihi vigilanti quidem carentes viribus, in somnis autem non solum usque ad consensionem factumque simillimum. Et tantum valet imaginis inlusio in anima mea in carne mea. [...] Nunc autem suavis est mihi necessitas edendi.[...] Hoc me docuisti, ut quemadmodum medicamenta sic alimenta sumpturus accedam. Sed dum ad quietem satietatis ex indigentiae molestia transeo, in ipso transitu mihi insidiatur laqueus concupiscentiae." [15]

Erich Feldmann sieht in den „confessiones" keine Autobiographie und auch keine exegetische oder philosophische Schrift. Für ihn handelt es sich um ein Protreptikos, ergo eine Werbeschrift für die christliche Lehre.[16] Andere Forschermeinungen gehen mit der Einordnung differenzierter um. Sicherlich mag das Werk an gewissen Stellen einer christlichen Werbeschrift entsprechen, doch zeigen sich auch autobiographische und philosophische

---

[12] Fuhrer, *Augustinus*, S.28.
[13] Courcelle, *Recherches*, S.191.
[14] Die *„confessiones"* schrieb Augustinus in seiner Zeit in Hippo, als er sich im Zönobium befand.
[15] Skutella S.237; 239-241.
[16] Siehe Andreas Hoffmann: *Feldmann, Erich.* In: Biographisch-Bibliographisches Kirchenlexikon (BBKL), Band 30, S. 391.

Abschnitte. Erneut sei auch noch einmal die Wahl des Titels zu bedenken, welchen Augustinus nicht ohne Intention gewählt haben wird. Er begibt sich auf eine selbstreflektierende Reise in seine Vergangenheit und bekennt sich seiner bisherigen Makel. Er befindet sich zu der Zeit, als er die „confessiones" verfasst hat, in Hippo und soll die Nächte mit Forschungen zugebracht haben. Daher nehmen auch Forschungsthemen im Text immer wieder ihren Platz ein. Sie wirken wie dem Schreiber Augustinus plötzlich aufkeimende Gedanken, die er kurzerhand mit notiert hat. Und nicht zuletzt entspricht diese reflektorische, selbstkritische Arbeitsweise wahrscheinlich seiner Fähigkeit seine eigenen Tätigkeiten objektiv zu beurteilen, denn die „retractationes", auf die im nächsten Abschnitt kurz eingegangen werden soll, sind Kommentare und Redaktionen, die er kurz vor seinem Lebensende rückblickend auf seine bisher publizierten Werke gemacht hat.

Seine Korrekturen von zuvor verfassten Schriften, Predigten und Briefen vollführt Augustinus in seinen „retractationes". Er ist sich des dynamischen Elements im Erschaffen von theologischen Gedanken mit der entsprechenden Vorläufigkeit und Notwendigkeit zur Revision bewusst und widmet sich diesem Projekt in einer kritischen Rückschau –gegliedert entsprechend den Werken und der Chronologie der Erstellung.[17] Seine autobiographischen Angaben, die hier und da im Kontext der Betrachtungen eingeworfen werden, können allerdings nur als Ergänzung der „Bekenntnisse" und auch der Vita von Possidius angesehen werden. So liefert Augustinus lebenszeitliche Angaben zu sich, indem er über sein Werk „De beata vita" schreibt, dass er es an seinem Geburtstag begonnen habe aufzuzeichnen.[18] Außerdem macht er hierbei auch klar, dass seine Arbeit „Über die Akademiker" im selben Jahr entstanden sei. Zu den fünfzehn Büchern „Über die Dreieinigkeit" sagt er, dass er sechzehn Jahre gebraucht habe, um sie zu verfassen und dass die noch nicht vollendeten Anfänge davon unter dem Druck seiner Anhänger und ihr eigeninitiatives Streben gegen seinen Willen veröffentlicht worden seien.[19] Es sind vorwiegend chronologische und einzelne persönliche Details, die den Korrekturen einen gewissen Platz als Autobiographie einräumen, jedoch nicht genug Inhaltliches bieten, um dieses Werk tatsächlich in dieses Genre einordnen zu müssen, was jedoch vielerorts geschieht. In seinem Prolog macht Augustinus deutlich, worum es ihm der Hauptsache nach hierbei geht: „Lange schon habe ich den Plan überlegt, den ich nun mit der Hilfe des Herrn in Angriff nehme, da ich meine, ihn nicht länger aufschieben zu dürfen: ich will meine Werke, Bücher, Briefe und Abhandlungen mit einer Art richterlicher Strenge durchsehen und, woran ich Anstoß nehme, gleichsam mit dem Griffel eines Zensors anmerken."[20]

II.IV Die „Vita Augustini" von Possidius

Für die Biographie von Possidius über seinen Lehrer Augustinus sind über zweihundert Handschriften nachzuweisen, wobei Zusatzausgaben für die liturgische Nutzung nicht in diese Angabe mit eingeflossen sind. Das Werk, dessen Entstehung in die Jahre zwischen 431 und 437 eingeordnet wird, erfreute sich großer Beliebtheit und somit erklärt sich die breite

---

[17] "Und wer meine Werke in der Reihenfolge lesen wird, wie sie geschrieben sind, wird vielleicht in der Tat finden, wie ich ihm Schreiben vorangekommen bin." Siehe hierzu J. C. Perl, *Augustinus, Die Retractationen in zwei Büchern*, S.5.

[18] „*Librum de beata vita non post libros de Academicis, sed inter illos ut scriberem contigit. Ex occasione quippe ortus est diei natalis mei et tridua disputatione completus, sicut satis ipse indicat.*" Siehe hierzu C. J. Perl, *Augustinus, Die Retractationen in zwei Büchern*", S. 13-14.

[19] Idem, ibidem, S.169.

[20] Idem, ibidem, S.3.

Überlieferung.[21] Für die Ausarbeitung dieses Kapitels soll die kritische Ausgabe von Weiskotten –mit den Verbesserungen von Bastiaensen- als Basis dienen, welcher *post* Maurinos unter Berücksichtigung von etwa hundert Handschriften seine Ausgabe erstellt hat und bis heute maßgeblich ist.

Possidius von Calama war lange Zeit Schüler und auch Wegbegleiter von Augustinus von Hippo. Beide haben im Zönobium miteinander gelebt und daher wird Possidius den Privatmann und Bischof Augustinus tiefgehend gekannt haben, wobei er ihn noch nicht zuvor kannte und Details aus der Zeit vor der Bekehrung u.a. aus den augustinischen Bekenntnissen entnehmen musste bzw. konnte. Dass er diesem gegenüber voller Bewunderung war, zeigt sich an den rege eingesetzten rühmenden Wendungen und Optativen, mit denen er seine *Vita Augustini* verfasst hat und Augustinus unter allen Christen hervorhebt: („*…optimi Augustini…*", „*…beatissimus Augustinus…*").[22] Wohlan sei jedoch zu bedenken, dass ob jener lobesträchtigen Schreibweise dem Rezipienten ein eher einseitiges Bild von Augustinus vermittelt wird. Es scheint, dass die besten Leistungen von Augustinus hier erwähnt wurden, jedoch die Begebenheiten vor dessen Bekehrung, welche den noch unentschlossenen und im Leben noch nicht sittlich gefestigten Augustinus gezeichnet hätten, gar nicht oder nur marginal: „*Nec adtingam ea omnia insinuare, quae idem beatissimus Augustinus in suis Confessionum libris de semetipso, qualis ante perceptam gratiam fuerit qualisque iam sumpta viveret, designavit*".[23] Trotzdem könne man hier nicht von einer klassischen Hagiografie sprechen, sondern mehr von einer Hagiologie, da „zu viele, nebensächliche Züge des Alltagslebens in die Vita eingetragen" worden seien.[24] So lautet das Urteil einer Münchener Forschungsgruppe um die *opera Augustini*, was sich mitunter in erschöpfend beschrieben Tischszenen zeige.[25] Adressaten für die Vita sind für Possidius die „fideles". In 31,1 schreibt er: „Es sind Anwesende und Abwesende gegenwärtiger und zukünftiger Zeit."[26] Die Anordnung des Werkes besteht aus diversen Einzelepisoden und scheint chronologisch keiner bestimmten Anordnung zu folgen. Temporale Verknüpfungen nimmt Possidius nur lose vor mittels Wendungen wie „*iam*", „*mox*", „*eodem tempore*" usw.

„Deshalb kann ich auch nicht vom Leben und Lebenswandel des von Gott erwählten und zu seiner Zeit herausgehobenen alles überragenden Bischofs Augustinus schweigen."[27] So lautet einer der ersten Sätze, mit denen Possidius die *Praefatio* der *Vita* beginnt. Während er sich gleich darauf kontrastierend als den Geringsten bezeichnet, hat er doch die Inspiration durch

---

[21] Man weiß, dass Possidius im Jahre 437 von dem Vandalenkönig Geiserich ins Exil verbannt worden ist. Da die Vita allerdings keinerlei Hinweise auf eine Verbannung bietet, konnte die zuvor angenommene Entstehungszeit von 431 bis 439 korrigiert werden bzw. der *terminus ante quem* noch präzisiert werden.

[22] Skutella, S.15 u. S.17.

[23] Idem, ibidem.

[24] Geerlings, S.23.

[25] Dennoch stellt er den heiligen Augustinus absolut in den Mittel- und Vordergrund seines Werkes, wie Wilhelm Geerlings folgendermaßen konstatiert: „Possidius tritt ohne jede Eitelkeit ganz hinter seinen Helden zurück. Selbst Episoden, in denen er Hauptakteur war und Augustinus nur Nebenfigur –wie etwa in der Auseinandersetzung mit dem Donatisten Crispinus- werden so dargestellt, als sei der eigentlich Handelnde Augustin, während er, Possidius, sich mit der Rolle des Protokollanten begnügt." Siehe hierzu W. Geerlings, *Augustinus Opera, Possidius Vita Augustini*, S. 8.

[26] Harnack urteilte über Possidius als Schüler des Augustinus: „Possidius lebte und webte in den Werken des Augustinus." Siehe hierzu Harnack, *Possidius*, 10. Er meinte damit, dass Possidius dem Augustinus nicht nur im Lebensstil und seiner Art zu schreiben nacheiferte, sondern, dass er im Kontext der Adressaten eine afrikaweite und noch darüber hinausgehende Wirkung seiner Arbeit erhoffte. Mehrfach schreibt er in seiner Vita, dass Augustinus der Kirche zur Blüte verholfen habe, die sogar noch über Afrika hinausgegangen sei.

[27] Geerlings S.27.

den Hl. Geist erfahren sowie die Redeweise erhalten, um die Vita zu vollführen, was Augustinus' Lehre der Eingebung durch den Hl. Geist entspricht.[28]

Über Augustinus' Eltern schreibt Possidius, dass beide Christen gewesen seien. Dies scheint ein typisches Merkmal von Stilisierung zu sein. Augustinus deckt in seinen *„confessiones"* selbst auf, dass die Mutter zwar eine streng gläubige Christin gewesen sei, die ihn schon „mit dem Salz des Kreuzes gewürzt hatte, kaum hatte er den Mutterschoß verlassen"[29], der Vater aber erst kurz vor seinem Tod getauft worden sei.[30]

Des Weiteren berichtet Possidius davon, wie Augustinus zunächst in seiner Heimat Grammatik lehrte, später dann jedoch in Karthago ein *magister rhetoricae* gewesen sei, wo er sich auch den Manichäern anschloss –einer Gruppierung, die von der *catholica fides* abgespalten teils gewaltsam agierte. Dieses Tun bezeichnet Possidius als Irrglauben (*error*)[31], dem Augustinus in der Phase verfangen gewesen sei. Dass Augustinus mit mehreren Frauen in einer konkubinaten Beziehung gestanden hat und auch ein Sohn, Adeodatus, daraus entstanden ist, wird wieder aus Gründen der Stilisierung verschwiegen bzw. verschleiert. Nur die große Freude seiner christlichen Mutter, dass ihr Sohn sich später zum Christentum bekehrte, sei größer gewesen als die Freude über einen fleischlichen Enkel, was als Hinweis auf Augustinus' Kind anzusehen ist.[32]

Die Verbannung der Irrelehre aus Augustinus' Herz solle die Güte von Ambrosius erreicht haben am Mailänder Hof, aber auch das Interesse am Neuplatonismus entfacht haben. In seiner eigenen Darstellung kam das Verwerfen der falschen Ansichten nicht unbedingt durch Ambrosius zustande, so Augustinus, sondern habe durch Gottes Fügung und Führung und durch die Lektüre von Ciceros *„Hortensius"* stattgefunden, welches eine Aufforderung zur Philosophie enthalten habe: „Es war dieses Buch, das meinen Sinn veränderte, gerade dir, Herr, meine Gebete zukehrte und mein Wünschen und Verlangen andere werden ließ".[33] Augustinus habe daraufhin der fleischlichen Lust entsagt und den weltlichen Ehren den Rücken zugekehrt, nachdem er die Bekehrung unter dem Feigenbaum erlebt habe.[34] In seinem dreißigsten Lebensjahr habe er auch nicht mehr als Rhetoriklehrer tätig sein wollen, da er die Rhetorik zur Nutzung von Lügen, von Geschwätzigkeit und Selbstdarstellung fortan abgelehnt habe: *„Et placuit mihi in conspectu tuo non tumultuose abripere, sed leniter subtrahere ministerium linguae meae nundinis loquacitatis, ne ulterius pueri meditantes non legem tuam, non pacem tuam, sed insanias mendaces et bella forensia mercarentur ex ore meo arma furori suo."*[35]

Die weiteren Taten und Geschehnisse stellt Possidius recht ausführlich dar, doch an dieser Stelle mag ein kurzer Überblick genügen, da Vieles bereits im allgemein biographischen Kapitel dieser Arbeit genannt wurde. Einer Zeit des Rückzugs und Forschung in der Heimat folgend habe Augustinus' guter Ruf als Gelehrter ihm in Hippo, wo Bischof Valerius ein Priesteramt zu vergeben hatte, das nächste öffentliche Arrangement beschert. Alle biografischen Angaben stimmen darin überein, dass Augustinus sich in der Volksmenge befunden haben soll und die Menschen ihn, obwohl er sich wehrte, nach vorne zu Valerius

---

[28] Pollmann, S.47.
[29] Augustinus, *confessiones*, 1,17.
[30] Kurt Flasch, S.47.
[31] Geerlings, S.25.
[32] Idem, S.27.
[33] Flasch, S.76.
[34] Idem, S.211-220.
[35] Skutella, S.180-181.

gebracht hätten, um ihn weihen zu lassen, was dann auch geschah.[36] Mit einer kleinen Anhängerschaft habe Augustinus auf dem Kirchengrundstück ein Kloster eingerichtet, wo man zusammen ein kontemplatives Leben gemäß den Aposteln hatte führen können ohne persönliches Eigentum und nur mit den nötigsten Gütern ausgestattet.

Entgegen der bisherigen Tradition habe Valerius ihm die Aufgabe des Predigens überlassen, was sich daraufhin in Africa auch in anderen Kirchen ereignet haben soll. Später sei Augustinus zum Bischof von Hippo ernannt worden und dies bis zu seinem Ableben geblieben sein. Seine glänzenden Fähigkeiten zur Disputation nutzend soll Augustinus sowohl schriftlich als auch persönlich Zweiflern oder Gegnern der katholischen Kirche entgegen getreten sein. Er soll gegen die Manichäer, die Presbyter, die Donatisten, die Arianer, die Pelagianer und die Circumcellionen mit Worten aufgestanden sein und soll dabei auch den Gerichts- und Staatsweg genutzt haben. Wenn es angebracht gewesen sein soll, habe er Fürsprache für Sünder gehalten, er habe als Richter fungiert und den Armen soll er aus der Kollekte Almosen dargereicht haben. Possidius stellt Augustinus' Wirken so breit gefächert dar, dass es nicht verwundert, dass er ebenfalls davon spricht, dass dieser auch des Nachts wach geblieben sei, um noch Zeit für seine Forschungen zu haben.[37]

---

[36] Fuhrer schreibt, dass eine spontane Ernennung in ein Amt durchaus nicht unüblich gewesen sei in jener Zeit. Siehe hierzu: Fuhrer, *Augustinus*, S.55.
[37] Possidius, *Vita Augustini*, X,12. Diese Angabe scheint zu stimmen, denn Augustinus hat dies selbst über sich geschrieben. Siehe hierzu Augustinus, *De ordine*, 1,6.

III Forschungsüberblick zur kulturellen Identität von Augustinus

Seit dem 19. Jahrhundert hat die Forschung immer mehr begonnen, sich mit dem jungen Augustinus zu beschäftigen. Während zuvor vor allem der Kirchenvater und Theologe im Zentrum der Betrachtungen stand, zielten im 19. Jahrhundert u.a. Vertreter wie Adolf von Harnack oder Gaston Boissier auf die Frage ab, wozu sich Augustinus 386 n. Chr. bekehrt habe.[38] Gaston und Boissier meinten, dass sich für sie im Vergleich zwischen den Frühschriften vor der Bekehrung und den „confessiones" nach der Konversion ein widersprüchliches Bild von Augustinus ergebe: Die Dialoge von Cassiciacum zeigten ihn als einen Philosophen, der mit seinen Schülern metaphysische und moralische Themen erörtere. Die „confessiones" dahingegen stellten einen betont gottesfürchtigen Mann dar. Thimme und Alfaric seien in dieser Diskussion mitunter als Vertreter zu nennen, die der Meinung den Vorzug gaben, dass Augustinus für sich die neuplatonische Richtung in den Vordergrund gestellt habe.[39] Boyer und Nörregard als traditionellere Forscher stützten sich mehr auf die in den „confessiones" geführten Aussagen, welche sich kritisch gegenüber dem Platonismus äußerten.[40]

Prof. Dr. Fuhrer meint, dass seit Courcelles' Studien endlich Einigkeit in dieser Frage herrsche.[41] Dieser ging von einer Synthese beider Richtungen aus ohne das Verhältnis von Philosophie und christlicher Religion allerdings weitgehender zu bestimmen.[42] Prof. Dr. Fuhrer hebt vor allem die Arbeit vom Franzosen Goulven Madec hervor, der betonte, dass Augustinus zwar christliche Themen mithilfe der neuplatonischen Metaphysik erklärt und den biblischen Wortschatz als philosophische Termini gedeutet habe, dass es jedoch die christliche Religion gewesen sei, zu der sich Augustinus bekehrt habe und die er als Grundlage sieht und „die Identifikation der Wahrheit mit Christus voraussetzt(e)."[43]

Aus den Äußerungen am Schluss seines Dialogs „Contra Academicos" geht u.a. hervor, welche Bedeutung Augustinus der neuplatonischen Lehre beigemessen zu haben scheint: Er nennt sie eine *verissima philosophia*. Und jene befasse sich nicht mit der empirischen Welt, sondern mit der intelligiblen, d.h. mit demselben Bereich wie die christliche Religion. Die Lehre der *Platonici* diene ihm sozusagen als Hilfswissenschaft, die deshalb akzeptiert werde, weil sie mit der heiligen Lehre nicht im Widerspruch stehe.[44] In „De vera religione" (Lib. 1,4,23) schreibt Augustinus sogar: „Wenn also jene Männer noch einmal das Leben mit uns teilen könnten, würden sie ohne Zweifel einsehen, durch wessen Autorität den Menschen soviel

---

[38] Siehe hierzu A. v. Harnack, *Augustin's Confessionen. Ein Vortrag*, 1895. G. Boissier, *La conversion de saint Augustin, en: La fin du paganisme*, Bd. I, 1891.

[39] Thimme kam zu dem Ergebnis, dass die frühen augustinischen Werke nicht spezifisch christlich gewesen seien, nämlich, dass er zwar „vor der Kirchenautorität kapituliert" habe, aber von einer inneren Aneignung der kirchlichen Dogmen noch weit entfernt gewesen sei. In Cassiciacum sei Augustinus Platoniker gewesen, dessen einziges Bemühen es gewesen sei, „auf rationalem Wege in philosophischer Spekulation der Wahrheit nachzugehen." Siehe hierzu W. Thimme, *Grundlinien der geistigen Entwicklung Augustins*, in: Zeitschrift für Kirchengeschichte 31 (1910), S. 172. Auch Alfaric sieht in ihm vor allem den bekehrten Neuplatoniker: „Moralement comme intellectuellement c'est au Néoplatonisme qu'il s'est converti, plutôt qu'à l'Evangile." Siehe hierzu P. Alfaric, *L'évolution intellectuelle de saint Augustin. Du manichéisme au néoplatonisme*, S. 395.

[40] Siehe hierzu Ch. Boyer, *Christianisme et néo-platonisme dans la formation de saint Augustin*, 1953. J. Nörregaard, *Augustins Bekehrung*, 1923.

[41] Eckard König nennt neben Courcelle noch Wilhelm Kamlah, der in seinen Untersuchungen zu *De civitate Dei* gezeigt habe, dass Augustinus eine Alternative von Philosophie und christlicher Religion überhaupt nicht gekannt habe und beides für ihn in Wahrheit dasselbe sei. Siehe zum einen W. Kamlah, *Christentum und Geschichtlichkeit. Untersuchungen zur Entstehung des Christentums und zu Augustins Bürgerschaft Gottes*, 1951, S. 191. Zum anderen Eckard König, *Augustinus Philosophus*, S. 15.

[42] Fuhrer, *Contra Academicos*, S.34.

[43] Eadem, ibidem.

[44] Augustinus, *Contra Academicos*, 3,20,43.

13

leichter zurechtgeholfen wird. Dann brauchten sie nur wenige Worte und Ansichten zu ändern, um selbst Christen zu werden. So haben es ja die meisten Platoniker unserer jüngsten Zeit gemacht."[45]

Letztendlich lässt sich sagen, dass Augustinus auch nicht alle Elemente der platonischen Lehre übernommen hat –sei es mit Absicht oder aus Unkenntnis.[46] In den Frühschriften und späteren Werken von ihm sind Aspekte des Platonismus dem Zwecke seiner theologischen Debatte dienend teilweise auch nur angerissen worden oder zu vereinfachter Darstellung gekommen, weshalb er auch nicht als Neuplatoniker im engeren Sinne betrachtet werden sollte –so Prof. Dr. Fuhrer.[47]

Für die Frage, inwiefern sich seine Haltung gegenüber der Rhetorik entwickelt hat, ist sein Verhältnis zur Philosophie, die seit Platon und Aristoteles vor allem ein negatives Bild von der sophistischen Fertigkeit gezeichnet hat, ein wichtiger Baustein zum Verständnis und zur Erörterung –ebenso die in diesem Kapitel abgehandelte Disputation über seine Konversion, denn durch die Lektüre und Beschäftigung mit Augustinus' Werken und vor dem Hintergrund seiner Biographie lässt sich feststellen, dass er diverse geistige Umstellungs- und Entwicklungsprozesse durchlebt hat. Daher denke ich auch, dass seine philosophische und geistige Arbeit als ein sukzessiver Prozess ohne explizit zu nennende Grenzen verstanden werden könnte, in dem Augustinus sich immer mehr der christlichen Exegese und Lebensführung annäherte und sich vor allem an neuplatonischen Denkmodellen orientierte und diese ihn in Teilen inspirierten. Dass er innerhalb seiner „retractationes" selbstreflektierend alte bereits veröffentlichte Erkenntnisse kommentiert, ergänzt und kritisiert, zeigt seine Fähigkeit mit eigenen Ergebnissen und Denkweisen zu „spielen" und sie als fortbleibend modifizierbar zu verstehen –abgesehen von den dem christlichen Glauben immanenten Grundannahmen, die er als bekennender Christ nicht anzweifelt wie die Existenz von Gott, die intelligible Welt usw. Dass er sich in einem nach und nach entwickelnden Orientierungsprozess befunden haben wird, sei zum Abschluss dieses Kapitels an einer Stelle aus „Contra Academicos" gezeigt. Dort schreibt er, dass „nun" (*ergo*) für ihn feststehe, dass die Autorität Christi etwas sei, von dem er nicht mehr weichen werde. Gleichzeitig fällt auf, dass er, um aus purem Glauben mittels Erkenntnis die Wahrheit zu ergründen, „fürs Erste" (*interim*) auf die Platoniker zurückgreifen werde. Hier scheint es so, dass das Hilfswerkzeug, das er zur Wahrheitsfindung nutzen will, als theoretisch austauschbar gelten könnte[48]:

„Mihi ergo certum est nusquam prorsus a Christi auctoritate discedere: non enim reperio valentiorem. Quod autem subtilissima ratione persequendum est —ita enim iam sum affectus, ut quid sit verum, non credendo solum, sed etiam intellegendo apprehendere impatienter

---

[45] W. Thimme, *Augustinus. Theologische Frühschriften Vom Freien Willen, Von der Wahren Religion*, S.381.
[46] In seiner Abhandlung über den Lehrer hat er sein Bildungskonzept sogar derartig revidiert, dass er dort die philosophischen Denkgerüste abwertet. Stattdessen nimmt er hierin eine skeptischere Haltung ein und sieht eine Erkenntnisförderung durch Bildungsinhalte nicht mehr als so vordergründig. In diesem Werk geht es ihm vornehmlich um Christus als inneren Lehrer, welcher in „De doctrina christiana" dafür nur kurz erwähnt wird. Für Weiteres dazu siehe Pollmann, S.7.
[47] Fuhrer, *Contra Academicos*, S.36.
[48] Es entspricht auch der allgemeinen Beobachtung, dass er ebenfalls stoische Gedanken oder die andere philosophischer Richtungen genutzt hat –er sich somit gar nicht auf sein Hilfsmittel festgelegt hat, sondern den Neuplatonismus als das beste ansieht, was sich in der bereits im Text erwähnten Betitelung als *verissima philosophia* zeigt. Die Nutzung des Superlativs zeigt jedoch auch, dass es ebenso komparativ oder positiv zu wertende Richtungen für ihn gegeben haben wird.

desiderem – apud Platonicos me interim quod sacris nostris non repugnet reperturum esse confido."[49]

IV Das traditionelle Bildungssystem zu Augustinus' Lebenszeit

Für junge Leute, die der oberen sozialen Schicht angehörten, war vom 1. Jh. v. Chr. bis zum Ende der römischen Kaiserzeit innerhalb der schulischen Ausbildung der Grammatik- und Rhetorikunterricht die häufigste in den Institutionen verankerte Bildungsform, die sich nach dem Besuch der Elementarschule anbot.[50] Marrou schreibt dazu, dass „in diesem langen Zeitraum [..] die römische Gesellschaft und deren Lebensweise, Bedürfnisse, Geschmack, Literaturbetrieb tiefgreifende Veränderungen erfahren" hätten, jedoch auch, dass bei Betrachtung der römischen Bildungskonzeption im Allgemeinen eine Beständigkeit zu verzeichnen sei. Daher sei es auch möglich einen typischen Ausbildungsverlauf zu skizzieren.[51] Ward sagt über das griechisch-römische Konstrukt der Rhetorik: *„No systematic theoretical presentation of persuasive language practice has ever been so comprehensive, so minutely articulated, or so phenomenally influential over such a long period of time as the Greco-Roman rhetorical system.*"[52]

Im Elementarschulbereich lehrte der *magister ludi* die Kinder das Lesen und Schreiben sowie Rechnen. In Form eines Propädeutikums konnten die Schüler daraufhin beim *grammaticus* eine theoretische Rhetorikvorausbildung besuchen, wo ihnen die Regeln für das richtige Sprechen vermittelt (*ars recte dicendi*)[53] und die klassischen Dichter erläutert wurden (*enarratio poetarum*).[54][55] Als letzte Instanz konnten sie sich schließlich vom *rhetor* in die Kunst der Rede einführen lassen, die ihnen in der Politik oder im Rechtswesen karrieretechnisch nützlich sein konnte. Auch zur Lebenszeit von Augustinus war dieser Weg der schulischen Ausbildung noch deutlich institutionell verankert.[56] Der Kirchenvater deutet selbst –jedoch auf kritische Weise- in seinen „confessiones" vielerorts an, dass er diesen Schulweg gehen musste.[57]

Die Auseinandersetzung mit den klassischen Dichtern beim *grammaticus* vollzog sich seit Varro in vier Phasen: *Lectio, emendatio, enarratio und iudicium.*[58] Die *Lectio* beinhaltete, dass der Rezipient sich genau mit jedem einzelnen Wort eines Textes auseinander setzte und

---

[49] Augustinus, *Contra Academicos*, 3,43.
[50] H. I. Marrou, *Augustinus und das Ende der antiken Bildung*, S.4.
[51] Eadem, ibidem , S.5.
[52] J. O. Ward, *Roman Rhetoric and it's afterlife*, in: A companion to Roman Rhetoric, S.354.

[53] Inhalte waren vor allem die Phonologie und Morphologie. Die Syntax wurde nur rudimentär unterrichtet. Außerdem gab es die Suche und Erforschung der sog. *vitia* der Dichter, d.h. es wurden gezielt Sprachfehler klassischer Dichter wie z.B. Barbarismen betrachtet –zum einen, um gegebenenfalls eigene Fehltritte zu vermeiden, zum anderen, um im Sinne einer künstlerischen Gestaltung der eigenen Rede Legitimation für bewusste Fehlernutzung zu haben. Auch Augustinus geht in *„De doctrina christiana"* entsprechend derselben Bildungslaufbahn so vor und sucht *vitia*. Für Näheres zu den Inhalten der grammatischen Unterweisungen siehe H. I. Marrou, *Ende der antiken Bildung*, S. 11-13.
[54] Die Auswahl der Autoren orientierte sich an der Kunstsprache vergangener Autoren, die für die Rhetorik eine Vorbildfunktion haben sollten. Dies veränderte sich allerdings im Laufe der Zeit mehrfach. Für Näheres siehe H. I. Marrou, *Geschichte der Erziehung*, S.406.
[55] Quintilian erklärt in seinen *institutiones* auch diese Zweiteilung. Er nennt sie zum einen *recte loquendi scientia* und zum anderen *poetarum enarratio*. Siehe hierzu Quintilian, *inst*. 1,4,2.
[56] H.I. Marrou, *Geschichte der Erziehung*, S.365-370 und S. 389-423.
[57] Siehe u.a. Augustinus, *„confessiones"*, Lib. 1, XVI, 26.
[58] H. I. Marrou, *Ende der antiken Bildung*, S.17-23. Varro bei Diomedes GL I 426, 21f.: *„Grammaticae officia, ut adserit varro, constant in partibus quattuor: lectione enarratione emendation iudio..."* (Frgm. 236). Varro bei Marcus Victorinus 1,7: *„eius praecipua official sunt quattuor, ut ipsi placet: scriber legere intellegere probare..."*

diesen dann in richtiger Betonung laut vorlesen konnte. Die *emendatio* meinte die Abschrift eines Textes, in die Korrekturen eingefügt werden sollten- eine Verbesserung der Vorlage sollte dahingegen nicht passieren. Während der *enarratio* wurden Eigentümlichkeiten der rhetorischen und literarischen Form festgehalten und der entsprechende Text interpretiert. Das *iudicium* schließlich meinte die Beurteilung der ästhetischen Qualität des Textes. Auch wurde in diesem Arbeitsschritt der moralische und philosophische Wert der Vorlage betrachtet. Inhaltlich relevante Wissensgebiete wie wir sie heute als Schulfächer kennen bot der *grammaticus* den Schülern mittels Sachkommentaren –u.a. zum Thema Biologie, Geographie usw.[59]

Der Unterricht vom *rhetor* umfasste die praktische und theoretische Einführung in die Beredsamkeit. Die rhetorische Technik (*ars*) enthielt einmal die unterschiedlichen Gattungen der Rede (*genera causarum*) und dann die Arbeitsschritte des Rhetorikers (*officia oratoris*) wie die *inventio* (das Auffinden des Stoffes), die *dispositio* (Anordnung des Stoffes), die *elocutio* (die Ausformulierung), die *memoria* (das Einprägen der Rede) und zuletzt die *pronuntiatio* (das Halten der Rede). Für die Analyse von Augustinus' Haltung gegenüber der Rhetorik wird in späteren Kapiteln dieser Arbeit vor allem die *elocutio* von zentraler Bedeutung sein. Sie betrifft die Unterscheidung der drei Stilarten, wie Augustinus sie vor allem im vierten Buch von „De doctrina christiana" in Bezug auf die Konzeption einer Predigt formuliert, in den schlichten Stil (*genus tenue*), welcher mittels sachlicher Argumentation (*docere, probare*) das Auditorium von einer Sache zu überzeugen (*persuadere*) oder zu belehren versucht, in den mittleren Stil (*genus medium*), welcher die Zuhörer mit leichtem Schmuck wohlwollend zu stimmen und zu erfreuen (*delectare, conciliare*) sucht und schließlich in den erhabenen/pathetischen Stil (*genus grande/sublime*), welcher die Affekte des Publikums erregen will (*movere, perturbare, flectere*).[60]

Neben der Korrektheit der Sprache (*puritas, latinitas*), die die Schüler bereits vom *grammaticus* gelernt haben, war die Qualität ein bedeutendes Kriterium bei der Erstellung einer Rede: Die Klarheit (*perspicuitas*) des Vortrages war ebenso wichtig wie die Anpassung des Stoffes und der Ausführung an den Hörerkreis und auch an die eigenen Fähigkeiten, sodass von einer Angemessenheit (*aptum*) gesprochen werden konnte.

Wurden beim Grammatiklehrer noch klassische Dichter studiert, so verlangte der Rhetor die Beschäftigung mit als anerkannt geltenden Vorbildern (*imitatio*). Teilweise wurden Partien von den Musterrednern auswendig gelernt. Obwohl Cicero u.a. zu den Vorbildern zählte, wurde er dennoch nur unter dem sprachlich-stilistischem Gesichtspunkt betrachtet innerhalb der Rhetorikausbildung. Die Beschäftigung mit der Philosophie war nicht unbedingt üblich und nur im geringen Maße, falls dies doch der Fall war. In den „confessiones" kritisiert Augustinus, dass der philosophische Aspekt komplett unterging, als in seiner Zeit Ciceros „Hortensius" so

---

[59] Ein Zeitgenosse von Augustinus, dessen Schulwerk zu dem beim *grammaticus* behandelten Studium der Figuren Aufschluss gibt, ist Aelius Donatus. Er schrieb in seiner ‚Ars maior' (nach Art eines Katechismus in Frage und Antwort eingeteilt) etwa über Teile einer Rede (*partes orationis*): „partes orationis quot sunt octo. quae nomen pronomen verbum adverbium participium coniunctio praepositio interiectio." Somit gibt er der Nachwelt einen Einblick in die grammatikalische Ausbildung zur Zeit von Augustinus. Auch Charisius und Diomedes seien in diesem Zusammenhang zu nennen.

[60] Die Benennung der Stile oder bestimmter Fachwörter innerhalb dieses Systems können bei Augustinus abwechseln. Auch Cicero und Quintilian, die als lateinische Vorbilder für Augustinus gedient haben werden, haben mitunter eigene Bezeichnungen oder wechseln diese innerhalb ihrer Texte.

oberflächlich behandelt worden sei.[61] In den „confessiones" 4,16,30 sagt er, dass er sich demgemäß autodidaktisch die Abhandlungen der Freien Künste angeeignet habe:

„Et quid mihi proderat, quod omnes libros artium, quas liberales vocant, tunc nequissimus malarum cupiditatum servus per me ipsum legi et intellexi, quoscumque legere potui?"

Während seit dem Ende der Republik ein zweisprachiger Unterricht auf Latein und Griechisch durchaus üblich war und sich so auch noch im 2. Jh. n. Chr. im westlichen Reich zeigte, nahm die Qualität und Quantität im 3. Jh. n. Chr. deutlich ab.[62] Es wundert also nicht, dass Augustinus in den „confessiones" schreibt: „Ich glaube, es geht den griechischen Kindern mit Vergil genauso, wenn sie gezwungen werden, ihn zu lernen wie ich den Homer. Offenbar goss die Schwierigkeit, eine fremde Sprache von Grund auf zu lernen, Galle über die griechischen Reize..."[63] Dennoch formuliert er für den christlichen Exegeten die Forderung, die Originalsprachen zu beherrschen wie Altgriechisch und Althebräisch.[64] Er selbst kann sein eigens aufgestelltes Kriterium allerdings nicht erfüllen.

Die Bedeutung, die die eben vorgestellte Ausbildung hinsichtlich der gesellschaftlichen Verhältnisse hatte, hat Torsten Krämer kurz und bündig zusammengefasst: Sie ermöglichte eine distinktive Identität, die den Könner in einen ausgewählten Kreis Gebildeter heben konnte. Damit war sie auch ein geeignetes Werkzeug, um sich auf dem politischen oder juristischen Spielfeld einen Namen zu machen und andere von sich selbst zu überzeugen. Auch Augustinus, der sich in der Zeit seiner Ausbildung als äußerst talentiert erwiesen haben soll, konnte durch die richtige Anwendung seiner Redekunst die Stelle als Rhetorikprofessor am Mailänder Hof erlangen. Hierfür sei –laut Quellen- im Bewerbungsverfahren um die Stelle ein Probevortrag vor dem Stadtpräfekten Symmachus notwendig gewesen, der bei jenem gut angekommen sein soll:

„Itaque posteaquam missum est a Mediolanio Romam ad praefectum urbis, ut illi civitati rhetoricae magister provideretur impertita etiam evectione publica, ego ipse ambivi per eos ipsos Manichaeis vanitatibus ebrios...ut dictione proposita me probatum praefectus tunc Symmachus mitteret."[65]

---

[61] Augustinus, *„confessiones"*, 3,4,7. Auch in „de beata vita" begegnet uns diese Aussage. Siehe hierzu Augustinus, *de beata vita*, 4.
[62] I. Hadod, *Geschichte der Bildung*, S.23.
[63] Augustinus, *Bekenntnisse*, Lib.1,XIV,23.
[64] Augustinus, *„De doctrina christiana"*, Praefatio.
[65] Augustinus, *„confessiones"*, 5,23.

V Renovatio der heidnischen Kultur und christliche Bildungsfeindlichkeit

Am Ende des vierten Jahrhunderts und zu Beginn des fünften Jahrhunderts standen sich zwei Instanzen gegenüber, welche in ihrem Bemühen um Kultur und Bildung ein Spannungsfeld generierten: Die pagane Tradition und das spätantike Christentum. Mit der Christianisierung des römischen Reiches ging dementsprechend auch die Entstehung christlicher Literatur sowohl in lateinischer als auch in griechischer Sprache einher. Die produktiven Bemühungen um eine Etablierung einer orthodoxen Religion im Kontext einer überstarken paganen Tradition brachten literarisch breit gefächerte Formen von Literatur hervor.[66] Den Höhepunkt der spätantiken Literatur in beiden Sprachen setzt auch Prof. Dr. Fuhrer in die genannte Zeit, indem auch die pagane Kultur ihren Platz in der Bildung christlicher Römer innehatte. Sie spricht sogar von einer „Renaissance", welche sich im lateinischen Westen vollzogen habe, als pagane Autoren wie Terenz, Vergil, Cicero und Sallust zentrale Stellungen im Schulunterricht einnahmen und im Grammatik- und Rhetorikunterricht zur Referenz wurden.[67] Die zunehmende Christianisierung in der Politik, Religion und Moral brachte gleichzeitig die Beschäftigung mit der griechischen und lateinischen Kultur mit sich.[68]

Eine genaue interkulturelle Analyse stellt Dr. Torsten Krämer für die Phase des vierten und fünften Jahrhunderts an: Während er für die erste Hälfte des vierten Jahrhunderts einen Assimilationsprozess von intellektuellen Christen hin zu einer Symbiose von Christentum und heidnischer Kultur konstatiert, verweist er hinsichtlich der Mitte des vierten Jahrhunderts darauf, dass die Christen keine Scheu im Gebrauch der klassischen Literatur gehabt hätten.[69]

Gegen Ende des vierten Jahrhunderts begann dann die klassische παιδεία in den Mittelpunkt der Diskussion zwischen an der Bildung orientierten Christen und asketischen Mönchskreisen zu rücken. Einen starken Einschnitt brachte das zuvor von Julian Apostatas 362 eingebrachte Schulgesetz, das trotz seiner Aufhebung ein Jahr später, eine große Nachwirkung zeigte: Hierin wurde christlichen Lehrern die Nutzung des traditionellen paganen Literaturkanons in der Unterweisung verboten, weil diese nicht an das glaubten, was sie lehrten.[70] Der Ausschluss der christlichen Elite aus dem traditionellen Bildungscorpus schloss jedoch nicht die christlichen Schüler ein, die weiterhin den üblichen Schulunterricht besuchen durften. Die heftige Antwort der christlichen Bildungsoberschicht in der Zeit zeigte aber, als wie eminent sie die pagane Kultur einstuften. Manche Christen nutzten die Lage jedoch auch für Polarisierungen oder für den asketischen Rückzug aus der Gesellschaft –sie sprachen sich teilweise ganz gegen die klassische Bildung aus oder gar gegen jede intellektuelle Beschäftigung, wodurch sie die heidnischen Restaurationsbemühungen noch bestärkten.[71]

---

[66] Als Vertreter, die sich mit der paganen Philosophie auseinander setzten und entgegen christlicher Häresien eine Konstituierung der christlichen Lehre vorantrieben, seien u.a. Augustinus, Hilarius und Ambrosius zu nennen. Sie wurden ob ihrer Tätigkeit als *patres*, sprich Kirchenväter, bezeichnet. Im griechischsprachigen Osten waren dies u.a. Gregor von Nyzanz und Gregor von Nyssa.

[67] Fuhrer, *Augustinus*, S.7.

[68] Diese Zeit brachte sowohl Schreibende hervor, die die pagane Tradition ungebrochen weiterführten, als auch diejenigen, die als Christen teils formal und inhaltlich auf den paganen Fundus zugriffen. Zur zweiten Gruppe gehören u.a. Juvencus („Evangelienparaphrase"), Hieronymus (Bibelübersetzung) und der Bischof von Nola (Epen).

[69] Krämer, *Augustinus zwischen Wahrheit und Lüge*, S.55. Er beruft sich hierbei auf das „Vergilcento Probas", welches eine Annäherung von Heiden und Christen demonstriere.

[70] Diese Aussage findet sich in Julian Imp., *ep.* 61 c.

[71] Karla Pollmann nennt als zentrale Vertreter dieser Richtung Johannes Cassian und Priszillian. Siehe hierzu K. Pollmann, „De doctrina christiana", S.84. Cassian und Priszillian legten für sich fest, dass die Auslegung der Bibel ein Gnadengeschenk Gottes sei und damit charismatisch sei. Eine Nutzung wissenschaftlicher Grundsätze sei hierfür nicht notwendig. Cassian schrieb in seinen „Conlationes" sogar, dass die klassische Bildung ihn geschwächt hätte und als Gift versucht habe sein Seelenheil zu verhindern: „...quippe cui praeter illas generales animae captiviatates, quibus non dubito infirmos quosque pulsari extrinsecus, speciale inpedimentum salutis accedit per

18

Die römische nichtchristliche Bildungselite nämlich orientierte sich als Reaktion darauf und auf die zunehmende Christianisierung umso mehr an der *vetustas*, weil sie fürchteten, dass nebst ihrer Religion auch ihr kulturelles Erbe verloren gehen könnte. Dabei zeigten sie sich auch sehr daran interessiert, die Christen von der gemeinsamen Tradition auszuschließen.[72]

Für das Ende des vierten Jahrhunderts entwickelte sich unter den immer mehr anwachsenden Kreisen asketischer Mönche eine Kritik der klassischen Literatursprache hin zu einer Forderung nach der schlichten Fischersprache (*sermo piscatorius*) und fort von der typisch ciceronianischen Ausdrucksweise des Schulkanons. Diese Frage und Diskussion durchzog sowohl die heidnischen als auch die christlichen Bildungskreise und auch die innerchristlichen Gruppierungen untereinander. Ebenfalls war der christliche Umgang mit der paganen Philosophie ein immer wiederkehrendes Thema. Und genau hier musste Augustinus versuchen „den christlichen Standpunkt gegenüber heidnischen Lehren abzugrenzen und den Stellenwert von göttlicher Autorität und menschlicher Vernunft für das eigene Denken zu bestimmen."[73] Er befand sich also auf einer Gratwanderung, auf der er sich im Prinzip gegenüber seinen Zeitgenossen rechtfertigen und positionieren musste.[74]

---

illam quam tenuiter videor adtigisse notitiam litterarum, in qua me ita vel instantia paedagogi vel continuae lectionis maceravit intentio, ut nunc mens mea poeticis illis velut infecta carminibus illas fabularum nugas historiasque bellorum, quibus a parvulo primis studiorum inbuta est rudimentis, orationis etiam tempore meditetur, psallentique vel pro peccatorum indulgentia supplicanti aut inpudens poematum memoria suggeratur aut quasi bellantium heroum ante oculos imago versetur, taliumque me phantasmatum imaginatio semper inludens ita mentem meam ad supernos intuitus adspirare non patitur, ut cotidianis fletibus non possit expelli." Siehe hierzu Cassian, *Conlationes*, 14,12.

[72] Einer der Hauptvertreter dieser Strömung war Symmachus.

[73] Siehe hierzu Dr. T. Krämer, *Augustinus zwischen Wahrheit* und Lüge, S.59.

[74] Nach der Teilung des römischen Reiches in Westen und Osten und dem Niedergang des weströmischen Reiches, wodurch sich die lateinische sukzessive vom griechischen Brauchtum ablöste, prägten vor allem die lateinischsprachigen Schriftsteller die Theologie des Mittelalters und der frühen Neuzeit. Siehe hierzu Prof. Dr. T. Fuhrer, *Augustinus*, S.8.

VI Augustinus' theoretische Schriften und seine Haltungen gegenüber der Rhetorik darin

VI.I Allgemein

Für die Ergründung von Augustinus' Sicht auf die Rhetorik wird zu vielen Gelegenheiten vor allem sein Werk „De doctrina christiana" herangezogen. Innerhalb eines ganzen Buches befasst er sich darin mit der Rhetorik und der Fähigkeit der Eloquenz. Dennoch liefern auch seine Frühschriften „De ordine" und „Contra Academicos" dem Thema zugehörige und zu beachtende Aussagen, weshalb in dieser Arbeit auch darauf der Blick gehen soll –dies gemäß der chronologischen Erstellung der Abhandlungen und mit Schwerpunkt auf „De ordine". Eine typische Vergleichsschrift, die gerne mit „De doctrina christiana" bezüglich der rhetorischen Ansichten herangezogen wird, sind die „confessiones". Sie werden als dritte Quelle aus dem theoretischen Schrifttum von Augustinus bedacht werden.

VI.II „De ordine" (Frühschrift)

Die Schrift "De ordine"' reiht sich in eine Dreierschaft von augustinischen Werken ein, die bekannt sind als die Cassiciacum-Dialoge. Dabei wird „Contra Academicos" als das zuerst Entstandene angesehen. Darauf folgen „De beata vita" und „De ordine". Sie bilden szenisch und thematisch eine Einheit. Behandelt wird der Inhalt innerhalb einer Gesprächsrunde, die als *schola* bezeichnet wird. Der Gesprächston ist höflich gehalten und das Gesagte wohl strukturiert, indem es dialektisch und kompositorisch aufeinander abgestimmt ist. Gleich einem protreptischen Dialog bzw. einem Kontroversdialog steht am Schluss jeweils ein Sieger fest, der sich gegen einen oder mehrere Dialogpartner durchsetzen konnte. Über den Verlauf und den Ausgang des Ganzen wacht jeweils ein *iudex*—im Falle von „De ordine" ist es die Mutter von Augustinus, welche sich immer wieder zu der Gruppe gesellt und die Augustinus geistig als eine absolut Fähige das zu Erörternde zu erfassen und zu beurteilen vorstellt.[75]

Zentrales Thema der Unterhaltung ist die Ordnung. Augustinus und seine beiden Mitstreiter widmen sich dieser, indem sie sie zu definieren und theologisch einzuordnen suchen. Unterbrochen wird der Fortgang durch immer wiederkehrende Abschweifungen wie z.B. über wissenschaftliche Disziplinen oder einen Hahnenkampf, dem die drei zuschauen. Vor allem jedoch soll in diesem Kontext von Interesse sein, was Augustinus bezüglich der Rhetorik hier und da direkt sagt und inwieweit er sich selbst in dieser Schaffensphase der Erstellung von „De ordine" dieses Werkzeuges bedient. Für das Resümée soll auch das Werk „Contra Academicos" zur Untermauerung des Eindrucks dienen, welcher sich aus der Beschäftigung mit „De ordine" ergeben wird.

„Schon die Ordnung, lieber Zenobius, die jedem Einzelwesen eigen ist, zu erfassen und festzuhalten, ist für uns Menschen ein überaus schwieriges und darum äußerst seltenes Unterfangen; erst recht aber gilt das von der allumfassenden Ordnung, die unsere Welt zusammenhält und beherrscht. Ja selbst wenn man die sehen und aufzeigen könnte, so steht man doch bereits wieder vor der Unmöglichkeit, einen Zuhörer zu finden, der für so erhabene und dunkle Fragen die nötige Würdigkeit mitbringt, ob nun auf Grund seines verdienstlichen

---

[75] Die Gesamtkomposition ist entsprechend der augustinischen Vorliebe für Platon sehr angelehnt an die platonische Machart. Siehe hierzu T. Fuhrer, *Contra Academicos*, S. 19-20.

Lebens oder seiner wissenschaftlichen Bildung."[76] Hierbei handelt es sich um den ersten Satz des Werkes. Das Thema wird genannt und vor allem auf die Schwere und Erhabenheit dessen verwiesen. Augustinus nutzt überdies bereits hier rhetorische Begrifflichkeiten wie das (genus) grande, was ihm auf Grund der Schwere und tiefen Bedeutung der Definition der Ordnung für unerlässlich erschienen haben muss. In „De doctrina christiana" heißt es u.a., dass ein schweres Thema im angemessenen erhabenen Stil passend behandelt sei.

Dass Augustinus an Erhabenheit nicht immer spart, zeigt schon seine Haltung gegenüber Licentius, der einer seiner Gesprächspartner ist. Licentius präsentiert sich als jemand, der eine Vorliebe für die Dichtkunst hat und diese auch in entsprechenden Versen zur Schau stellt. Augustinus droht Licentius an, dass ihn dieses Vorgehen und Liebe so reizten, dass er singen oder gar brüllen könnte, um sie zu verhöhnen.[77] Die Dichtkunst bilde metaphorisch eine Mauer zwischen Licentius und der Wahrheit, die noch gewaltiger sei als die Mauer zwischen den Liebesleuten, von denen Licentius zu verhandeln pflege und durch die jene zumindest noch hauchende Worte austauschen könnten.[78] Später, nachdem einiges an Diskussion stattgefunden hat, hat Augustinus Licentius' Abkehr von der nutzlosen Dichtkunst inszeniert, die durch des Kirchenvaters überzeugende Argumentation und Rede erlangt worden sei: „Da fiel es ihm wieder ein, und voll Staunen meinte er: Was du da sagst, ist groß und wahr. Es gibt mir selbst nicht wenig zu denken, daß ich eben noch so schwer von den Nichtigkeiten meines Dichtens abzubringen war, während es mich jetzt anekelt und ich mich schäme […] So fühle ich mich ganz und gar zu etwas Großem und Wunderbarem fortgetragen. Heißt das nicht in Wahrheit sich zu Gott bekehren?"[79]

Hier scheint tatsächlich von einer literarischen Inszenierung bzw. Stilisierung ausgegangen werden zu können, da der Forschung ein Briefwechsel zwischen den beiden vorliegt, welcher nach der Entstehung von „De ordine" stattgefunden hat und welcher deutlich macht, dass Licentius sich keineswegs von der Poesie abgewandt hat.[80] Und obwohl hinter dieser Szene kein historischer Fakt gesehen werden kann, stellt Augustinus die Überzeugungsfähigkeit der Redekunst aufs Tablett und weist diese sich selbst zu. Außerdem heißt es kurz darauf, dass Augustinus das Gespräch in ausgefeilterer Form zu erreichen wünscht, da es „nicht groben Ohren" zur Übermittlung bereitet werden müsse.[81]

Der stilistischen Anwendung rhetorischer Mittel im Text steht die generell ablehnende Haltung des schulischen Bildungssystems gegenüber. Hier befindet sich Augustinus deutlich in einem Zwiespalt und auf einer Gratwanderung, denn er meint: „Aber was soll ich euch jetzt, als ob ich noch in der Schule stände, der ich doch glücklich entronnen bin […] ausführlich und in wohlgesetzten Worten ein Loblied auf die Ordnung singen? Vernehmt, wenn ihr wollt, -oder besser noch macht, daß ihr es wollt- das Bündigste und, wie mich bedünken will, Wahrste, was zu ihrem Lobe gesagt werden kann! […] Da sah ich an ihrem Schweigen, ihrem Mienenspiel, dem Blicke ihrer Augen, ihrer gespannten Haltung und der Regungslosigkeit

---

[76] Siehe Paul Keseling, *Über die Ordnung*, S.111.
[77] Idem, S.118-119.
[78] Augustinus spielt hier auf Pyramus und Thisbe an. Seine Sprache ist hier nicht nur erhaben, sondern auch metaphorisch.
[79] Idem S.118.
[80] Siehe Christian Tornau, *Zwischen Rhetorik und Wahrheit*, S.44.
[81] Siehe Paul Keseling, *Über die Ordnung*, S.129. Die Rezipienten von „„De ordine"" sieht Augustinus entsprechend dem diffizilen Thema als Gebildete und möchte die Sprache dementsprechend gestaltet wissen. Da ein Schnellschreiber bei den Unterhaltungen anwesend war, der das Gesagt notierte, wird Augustinus nach den Ereignissen eine gänzliche Überarbeitung vorgenommen haben, da die teils ausgefeilten Bildhaftigkeiten in so einer Form kaum in einem spontanen Diskurs vorgekommen sein dürften.

ihres Körpers, daß die Bedeutung des Gegenstandes einen ziemlichen Eindruck auf sie machte und daß sie darauf brannten, etwas zu hören."[82] Er scheint sich selbst zügeln und die Definition der Ordnung auf kurze und wahre Weise behandeln zu wollen. Dem steht aber gegenüber, dass er hier nicht nur den aus der Rhetoriktheorie bekannten Begriff des *breve* anbringt, sondern auch ein erneutes Erstaunen auf der Zuhörerseite auf Grund seiner Gabe zu reden generiert, was der Erweckung der Affekte aus der Rhetoriktheorie entspricht. Dieses Mal spielt sich keine Abkehr ab, sondern die Gesprächspartner zeigen körperliche Symptome, die Augustinus genau analysiert und die die große Wirkung seiner Worte abbilden sollen.

Licentius als typisches Resultat der schulischen Bildung vermag an mehreren Stellen des Buches Augustinus zu heftigeren und kritischen Bemerkungen zu bewegen. Ausgelöst wird eine solche Situation, als Trygetius eine Niederschrift seiner Worte ablehnen will und Licentius dahingegen darauf besteht. Augustinus meint, dass dies „nach Art der Kinder oder vielmehr beinahe aller Menschen, als ob [man] um des Ruhmes willen die Fragen verhandelte[...]", geschehe. Als Trygetius den verwirrten Licentius als Reaktion auslacht, rügt Augustinus beide, indem er sie der Eifersucht und Prahlerei bezichtigt: „Du weißt nicht, daß ich in der Schule mich sehr darüber zu ärgern pflegte, daß die jungen Leute der Nutzen und Reiz der Wissenschaften ganz kalt ließ, sie sich vielmehr nur von der Sucht nach eitler Ehre leiten ließen? Das ging ja soweit, daß manche sich nicht entblödeten, sogar Reden, die von anderen ausgearbeitet waren, aufzusagen und, Beifall sich spenden zu lassen ausgerechnet von denselben, deren geistiges Eigentum sie aufsagten. [..] versucht ihr, in die Philosophie und in die Lebensrichtung, die ich endlich eingeschlagen zu haben mich freue, die letzte, aber allerschädlichste Pest verzehrender Eifersucht und eitler Prahlerei einzuschleppen..."[83]

Auf den Tadel folgt ein längerer Monolog des Kirchenvaters, worin dieser „dünkelhafte und unwissende" Leute abhandelt. Er charakterisiert sie und geht von ihnen über zur Vernunft, welche er als personifizierte Instanz eine Fortentwicklung weg vom dümmlichen Zustand machen lässt. Zunächst sagt er jedoch, dass jene dünkelhaften Menschen lediglich das sichtbare Äußere sehen könnten, jedoch nicht das Innere. Sie würden darauf achten, was für Kleidung, welchen Prunk und welches Hab und Gut andere hätten. Nur wenige seien „besprengt mit einer gewissen Würze feiner Bildung".[84] Die gewöhnlichen Leute würden, selbst, wenn man ihnen nützliche und sittliche Ratschläge erteilen würde, nicht die Wahrheit selbst schauen können, was nur die Seele vermöge, sondern sie würden sich durch ihre Sinneswahrnehmungen und ihre Gewohnheiten lenken lassen.[85] Deshalb habe sich die Notwendigkeit ergeben, sie nicht nur, soweit wie möglich, zu belehren, sondern häufig und nachdrücklich auf sie einzuwirken. „Diesen ihren Bezirk, der das zu Wege bringen sollte, nannte die Vernunft Rhetorik; sie ist reicher an Nötigung als an Reinheit und teilt freigebig aus dem reich gefüllten Schatze ihrer Wonnen an das Volk aus, damit dieses sich herabläßt, für seinen eigenen Nutzen sich gewinnen zu lassen [...] Sie [Vernunft] verlangte nämlich nach der Schönheit, die sie ganz allein und unvermittelt ohne die Augen des Körpers betrachten könnte; daran aber hinderten sie die Sinne. Daher richtete sie ihr Geistesauge eine Weile gerade auf diese, die da schrien, sie hätten die Wahrheit im Besitze [...] Zunächst begann sie mit den

---

[82] Siehe Paul Keseling, *Über die Ordnung*, S.136-137.
[83] Idem , S. 138-140.
[84] Idem, S.141.
[85] Alypius lobt im Resümee der Abhandlung die wahrhaft überzeugenden Worte von Augustinus, muss aber auch eingestehen, dass die Umsetzung der doch schwierigeren, dafür jedoch sittlicheren und normierten Lebensform, recht schwierig ist: zwar trachten wir schon auf Grund deiner täglichen Unterweisungen danach, heute jedoch hast du uns ein noch glühenderes Verlangen eingeflößt. Ich möchte nur wünschen, daß, wo möglich, nicht bloß wir, sondern auch alle Menschen nunmehr zu einem solchen Lebenswandel gelangten und dabei blieben, wenn diese Normen ebenso leicht zu beachten wären, wie sie wunderbar anzuhören sind." Siehe hierzu Paul Keseling, S.177.

Ohren, weil die eben die Wörter als ihr Eigentum in Anspruch nahmen, mit denen sie bereits die Grammatik, Dialektik und Rhetorik aufgebaut hatte. Allein mit ihrer scharfen Unterscheidungsgabe sah sie bald den Unterschied zwischen Klang und dem Bedeutungsgehalt…"[86] Interessant ist der Entwicklungsgang, den Augustinus hierbei zeichnet. Sein Bildnis ist so gut im Geiste fassbar, dass sich der Leser geradezu vorstellen kann, wie die Vernunft als Instanz versucht habe, die ungebildeten Menschen durch eine Nötigung zu ihrem Glück zu zwingen, indem sie die Rhetorik etablierte. Ein normaler Gang der Evolution, wie ihn auch Augustinus von sich selbst kennt, ist hier, dass die Menschen sich zunächst an der äußeren Schönheit der Rhetorik erfreuten, um schließlich den inneren Blick auf das inhaltlich Gesagte steuern zu können.[87]

Über den Gebrauch der Rhetorik durch die Redner sagt Augustinus an einigen Stellen vereinzelt etwas. Es bereite ihm geradezu Kopfschmerzen, wie jemand über die Beschaffenheit einer Sache reden könne ohne sie zu kennen. Eine wahre Belehrung könne so nicht zustande kommen.[88] Oft käme es auch dazu, dass sich jemand den Reden seiner „von Fehlern behafteten Umwelt" anpasse und diesen zustimme oder deren Aussagen selbst in Reden verkleide. Teilweise stehe dahinter nur eine scheinbare Billigung des Gesagten oder er sei dazu genötigt, um „entweder dem Haß seiner Mitmenschen zu entgehen oder mit ihrer Albernheit nicht in Konflikt zu kommen."[89]

Schließlich münden die Argumentationen von Augustinus darin, wie er die Ordnung in Bezug auf die Gesellschaft und vor allem auf die Redekunst einzuordnen gedenkt.[90] Dazu thematisiert er die Sölizismen und Barbarismen, die er in „De doctrina christiana" sehr ausführlich charakterisiert.[91] Er nennt sie reizvolle Würzmittel, die selbst Cicero genutzt habe, was er gleichzeitig als Berechtigung angibt, warum er sie selbst auch nutzt. Es gehe allerdings um das richtige Maß der Anwendung. Ein zu Viel sei zu „scharf, übertrieben [und] widerlich", ein zu Wenig dagegen nicht mehr ansprechend. Die Ordnung greife hierbei leitend und mäßigend ein.[92] „Ein etwas gedämpfter und fast kunstloser Vortrag in der Rede, gelegentlich eingeschaltet, läßt gerade die Höhepunkte und die schönen Stellen besser hervortreten. Wird er ausschließlich angewandt, so verwirft man ihn als gewöhnlich; fehlt er aber, so treten jene Schönheiten nicht hervor […] Sehr viel verdankt man auch im folgenden Punkte der Ordnung: Trugschlüsse oder Fehlschlüsse, die sich unmerklich einschleichen und entweder durch ein Zuwenig oder ein Zuviel dazu verleiten, daß man dem Falschen zustimmt…Oft jedoch, wenn sie bei Streitgesprächen an bestimmten, und zwar an den richtigen Stellen angebracht werden, machen sie einen solchen Eindruck, daß unwillkürlich durch sie die Täuschung selbst verzuckert wird." Ein Übermaß sei auch in den Disziplinen Musik, Geometrie und Astronomie zu fürchten. Die Quintessenz dieses Themenkomplexes verpackt Augustinus in einer Mahnung an seine beiden Zuhörer. Die Partition der Rhetorik, auf die es wirklich ankomme

---

[86] Idem, S.188.
[87] Augustinus' Bekehrung liegt noch nicht in allzu weiter Ferne, als er diesen Text verfasst hat. Daher wundert es nicht, dass er eigene Erfahrungswerte hierzu noch einmal repetiert.
[88] Idem, S.158.
[89] Idem, S.179. Den Aspekt der Dünkelhaftigkeit nennt er hier nicht noch einmal.
[90] Augustinus wendet die Ordnung auch auf den Sprechakt an. Es würde in einem ganz bestimmten Verhältnis die Zunge an die Zähne und den Gaumen gebracht werden, um aus dem Mund Töne und Worte hervorzubringen. Es sei eine natürliche Veranlagung des Menschen, die auf einer gewissen Harmonie fuße. Siehe hierzu Paul Keseling, S. 199.
[91] Augustinus, *De doctrina christiana*, Lib. Tertius.
[92] Paul Keseling, S.161.

und die gleichsam göttlich sei, sei die Wesensart der Grammatik. Mit ihr hätte man ihre Seele festgehalten und „nur ihren Leib den Rhetoren überlassen."[93]

„Alypius entgegnete: „Du hast es wahrlich erreicht, daß wir die Überlieferung über die gelehrten und großen Männer, die vordem bei der Größe ihrer Taten unglaubwürdig schien, infolge unseres täglichen Nachdenkens und unserer augenblicklichen Bewunderung für dich nicht nur nicht in Zweifel ziehen, sondern sogar, wenn nötig, auf sie schwören können […] Du hast Lebensregeln und Wege zum Wissen, richtiger gesagt dessen Gefilde selbst und flutende Meere, ja sogar, was jenem Weisen große Verehrung eintrug, das innerste Heiligtum der Wahrheit selber, seine Lage, seine Art, endlich die sittlichen Eigenschaften der Wahrheitssucher kurz und klar aufgezeigt […]."[94] So lautet der letzte Absatz des Werkes „De ordine". Er enthält sowohl eine Würdigung der sprachlich-argumentativen Fähigkeiten von Augustinus als auch eine Siegerehrung des Kirchenvaters, der seine Gesprächspartner zu übermannen vermochte. Der Dialog endet dementsprechend auf eine Weise, wie sie Augustinus wohl als ideal bezeichnen würde: Die Kontrahenten wurden von der Wahrheit überzeugt und es löst sich alles in Wohlgefallen aus.[95]

Zusammenfassend lässt sich sagen, dass „De ordine" durchaus ein rhetorisch und dialektisch geprägtes Werk ist. Augustinus wendet sowohl rhetorisches Vokabular und Figuren (Metaphern, Anaphern, Alliterationen usw.) an als auch etabliert er inhaltlich eine Befürwortung der Redekunst unter bestimmten Voraussetzungen und definiert sie in ihren verschiedenen Potenzen. Die Ordnung spielt dabei eine hintergründige, aber doch überall durchgreifende Rolle. Interessant war ein Blick gerade auf diesen Cassiciacum-Dialog, weil er im Gegensatz zu „Contra Academicos" zunächst etwas zurückhaltender wirkt und sehr theoretisch diskutiert wird. Zu „Contra Academicos" lässt sich sagen, dass es sich viel mehr an der Kunst der Rede und schönen Sprache anlehnt. Es zeigt intermittierende Abweichungen von der klassischen Syntax und Vokabular und die diverse Verwendung von Stilfiguren und Metaphern. Besonders prägend zeigt sich die Nähe von Augustinus zur rhetorischen Bildung im Proömium des zweiten Teils in „Contra Academicos". Hier finden sich zahlreiche Anaphern, Wortspiele, Assonanzen, Sprichwörter, Alliterationen und rhetorische Topoi. Prof. Dr. Fuhrer konstatiert für das Gesamtwerk, dass es ein rhetorisch stilisiertes Meisterstück sei. Die dialektischen Passagen würden unterschiedliche Stile aufzeigen: Einen manierierten, einen umgangssprachlichen, einen rhetorischen und einen dialektischen Stil.[96] So stellt sie auch fest, dass sich „Augustinus Professionalität […] nicht nur im Bereich der sprachlichen und stilistischen Präsentation des Dialogs, sondern auch in der Anwendung einer reichen Palette von Argumentationsstrategien nach den Regeln der Dialektik und formalen Logik" zeige. Dabei werde versucht den Gegner nicht durch sachliche Argumente, sondern oft auch durch sophistische Spitzfindigkeiten, Ironie und Spott in die Enge zu treiben."[97]

Die Abkehr von der Gesellschaft liegt für Augustinus noch nicht lange zurück, als er die drei Frühschriften verfasste. Daher verwundert es nicht, dass die genaue Betrachtung der Texte

---

[93] Augustinus trennt die Redekunst in ihre grammatikalische Grundstruktur, die praktisch das theoretische System mit ihrer Regelhaftigkeit ausmacht, und in den Leib der Rhetorik, welcher sich auf die Äußerlichkeiten wie u.a. den Redeschmuck bezieht. Siehe hierzu Paul Keseling, S.193-194.
[94] Paul Keseling, S.202.
[95] Eine literarische Stilisierung ist hier wieder anzunehmen.
[96] Siehe Fuhrer, *Augustinus*, S.46
[97] Eadem, S.47.

eine sprachliche Nähe und hier und da blitzende Unentschlossenheit ob des zu nutzenden Stils zeigt.

VI.III „De doctrina christiana" Buch 1-3

VI.III.I Allgemein

Vor allem das vierte Buch von Augustinus' *„De doctrina christiana"* befasst sich mit theoretischen Betrachtungen zur Rhetorik im Allgemeinen und auch speziell bezogen auf die Predigt (Methode des richtigen Weitergebens –*elocutio*). Hier stellt der christliche Kirchenvater seine Vorstellungen zusammen, wie man mit der Redekunst richtig zu verfahren habe. Er geht gedanklich die Risiken durch, die er in der Ausübung der Rhetorik sieht, und die Chancen, wie sie für das Christentum nutzbar sein könnte. Seine Haltung gegenüber der Rhetorik ist im Gegensatz zu anderen Schriften deutlich gesetzter und überlegter, worauf jedoch später genauer in diesem Kapitel eingegangen werden soll.

Doch auch die ersten drei Bücher bedürfen eines Blickes, denn sie liefern Gedankengänge, die für das Nachvollziehen der Inhalte des vierten Buches relevant sind: Sie beschäftigen sich mit der Methode des Entdeckens (*invenire*) und des Verstehens (*intellegere*) im Hinblick auf die Exegese des Alten und Neuen Testaments und gleichzeitig hinsichtlich dessen, was Augustinus für relevant hält als Kompetenzen eines christlichen Redners und als Rahmenbedingung eines eben Solchen. Buch Eins widmet sich hierbei den Dingen (*res*). Buch Zwei und Drei beinhalten die Zeichen (*signa*). Die Gliederung des Gesamtwerkes nimmt er im Übrigen selbst vor: *„Duae sunt res quibus nititur omnis tractatio[98] scripturarum, modus inveniendi quae intellegenda sunt et modus proferendi quae intellecta sunt. De inveniendo prius, de proferendo postea disseremus."*[99]

Das Ende des dritten Buches sowie das gesamte vierte Buch hat Augustinus um etwa dreißig Jahre zeitversetzt nach dem Rest des Werkes verfasst. In Buch Drei ist der Übergang stilistisch und inhaltlich nahtlos gelungen. Buch Vier dagegen hebt sich vom restlichen Corpus deutlich ab. Es zeigt nicht mehr den roten Faden von Augustinus' Gedankengängen, sondern einige Sequenzen wirken teils unterbrochen. Außerdem finden diverse Repetitionen statt, was auch nicht mehr der inhaltlichen Dichte der anderen Bücher entspricht.

Insgesamt lässt sich über den Schreibstil sagen, dass Augustinus seine Bücher in inhaltliche Blöcke einteilt –dementsprechend soll aus Gründen der Übersichtlichkeit die Darstellung der Buchinhalte durch intertextuelle Überschriften gegliedert werden.

---

[98] Die *„tractatio"* ist ein rhetorischer Fachbegriff, der die Niederschrift, Analyse und Erklärung sowie den Vortrag meint. Siehe unten 104.

[99] Siehe hierzu Augustinus, *„De doctrina christiana"*, Lib. Primus I,1. Augustinus verwendet im Einleitungssatz den *Pluralis Majestatis*, indem er von sich in der Mehrzahl spricht. Er scheint sich als eine Art Lehrer zu sehen, der über den Rezipienten steht und ihnen nun etwas beibringen will. Wie sehr ihm diese Rollenvorstellung innewohnt, zeigt sich auch in der *Vita Augustinii* des Possidius, welcher ihn als jemanden beschreibt, der unermüdlich auf die Belehrung anderer hinarbeitete und keinem Konflikt entfloh. Auch im vierten Buch von „De doctrina christiana" sieht er die Rolle des Predigers als eine Belehrende, welche die christliche Wahrheit an die bis dahin Unwissenden weitergebe.

In seiner Ankündigung gleich zu Beginn des Prologs spricht Augustinus von „gewissen Regeln" (*praecepta*)[100] im Umgang (*tractare*) mit der heiligen Schrift, welche er vorlegen möchte.101 Innerhalb des Gesamtwerkes nutzt er verschiedene Vokabeln für seine Regeln, nämlich „*praecepta*", „*regulae*" und „*oberservationes*". Während die *observationes* mehr die persönlichen Beobachtungen widerspiegeln, stehen die beiden anderen Termini für einen höheren wissenschaftlichen Anspruch in Bezug auf Systematik und Allgemeingültigkeit, wie sie einem Lehrbuch angemessen wären.[102] Im Falle des Vorwortes kündigt er als Erstes die *praecepta* an, woran sich sein eigener Ehrgeiz eine wissenschaftliche Arbeit vorzulegen zeigt. Auch könnte genau diese Verwendung darauf hindeuten, welche Lesergruppe er mit seinem Buch ansprechen möchte, denn in Buch Drei lässt er in einem kurzen Satz durchblicken, an welchen Adressaten er sich richtet: Nämlich an denjenigen, der „hierfür [in der] geeigneten geistigen Verfassung ist."[103] Für den Umgang mit der Hl. Schrift hat Augustinus das Verb *tractare* gewählt. Dieser Begriff ist ein rhetorischer Fachbegriff, welcher die Analyse, die Erklärung und den Vortrag bzw. die Niederschrift meint.[104] Die Bedeutung dieses Fachbegriffes jedoch nicht voraussetzend für seine Rezipienten, geht Augustinus im weiteren Verlauf des Prologs erklärend auf sein Projekt ein.

Allgemein fällt auf, dass Augustinus keine strenge und einheitliche Terminologie verwendet, sondern hinsichtlich seiner Wortwahl freier arbeitet. So vermag er auch mit allerlei Wortspielen seine sprachlichen Fähigkeiten aus seiner rhetorischen Ausbildung zu demonstrieren und eigene Aussagen zu unterlegen und zu stützen.[105]

Die göttliche Inspiration als ein Geschenk, welches einer Person das Können einzuflößen vermöge, ist ein erster Themenkomplex, den er in seinem Prolog ehest anspricht („*divino munere*")[106] Genauer thematisiert wird diese jedoch auch später noch in Buch vier.[107] Ein Begreifen der Hl. Schrift sei zwar für einige Talentierte ohne einen menschlichen Lehrer möglich, jedoch habe es zuvor eines menschlichen Lehrers bedurft, um die eigene Muttersprache bzw. die Sprachen der Hl. Schrift wie Griechisch oder Hebräisch zu lernen. Diese beiden Sprachen hebt er besonders hervor, da sie nötig seien, um das Alte Testament und Neue Testament im Original zu lesen. Die Wichtigkeit dieses Könnens spricht Augustinus auch noch einmal in Buch Zwei an.[108] Aus seiner eigenen Biographie geht jedoch hervor, dass Augustinus selbst das eigene Kriterium des besten Verständnisses nicht erfüllen kann, da er nur das Lateinische beherrschte, das Griechische dagegen nur wenig und das Hebräische überhaupt nicht, was u.a. dem zu seiner Zeit bestehenden Bildungssystem geschuldet ist.[109]

---

[100] Anhand dieser Regeln verspricht er dem Leser eine Hilfe zur richtigen Exegese der Bibel und auch zum Halten einer guten Predigt zu liefern.
[101] Pollmann, S.7.
[102] Dass Augustinus sein Werk für wissenschaftlich einortbar hält, zeigt sich schon an der Wahl des Titels „*doctrina*". Er intendiert allgemeine Gültigkeit.
[103] Pollmann S.102. Denselben Kreis von Gebildeteren spricht er auch in „De ordine" an.
[104] Siehe hierzu Historisches Wörterbuch der Rhetorik, Bd. 9, „*tractatio*".
[105] Im Prolog spielt er zum Beispiel mit „*volentibus et valentibus*".
[106] Praefatio 2,4.
[107] Augustinus, *De doctrina christiana*, Lib.4, 32.
[108] Idem, Lib. 2, 14.
[109] Siehe hierzu den Abschnitt "Das traditionelle Bildungssystem". Interessant ist, dass Augustinus die Beherrschung der Sprachen als wichtiges Element einstuft, dass er sie allerdings trotz des Bildungssystems nicht auch autodidaktisch erlernt hat, wie er es auch für die philosophischen Aspekte der traditionell in der Ausbildung gelesenen Dichter gemacht hat als Reaktion auf den alleinigen Fokus auf Stil und Ausdruck in der Schule des *grammaticus*.

Während also das Medium Mensch („*hominem praeceptorem*")[110] notwendig sei und das Wissen um die zwei Sprachen sehr wichtig, so sei doch die ursprüngliche Verstehenskraft die göttliche Inspiration, die mittels der göttlichen Hilfeleistung (*suggestione divina*) passiere.[111]

Zum Lernen und zur Notwendigkeit der menschlichen Weitergabe schreibt der Kirchenvater: „Hingegen soll einer das, was durch einen Menschen zu lernen ist, ohne Hochmut lernen, und derjenige, durch den ein anderer Mensch unterrichtet wird, möge ohne Hochmut und ohne Mißgunst weitergeben, was er empfangen hat."[112] Hier wird die fundamentale Zweiteilung von Augustinus' Hermeneutik deutlich –nämlich das Verstehen und die Weitergabe des Verstandenen. Augustinus schließt an seine Aussage ein biblisches Beispiel an. Er führt den Apostel Paulus vor, der „obgleich er durch eine göttliche und himmlische Stimme zu Boden geworfen und unterwiesen worden war"[113], dennoch zu einem Menschen geschickt worden sei, damit der die Sakramente empfange und der Kirche verbunden zu werden. Dies hätte auch durch einen Engel geschehen können –so Augustinus-, dabei sei allerdings die menschliche Würde zunichte gemacht worden, wenn es den Anschein gehabt hätte, als ob Gott sein Wort nicht durch Menschen den Menschen darreichen wolle. Augustinus bringt auch das Beispiel vom Eunuchen beim Propheten Jesaja an, der dem Eunuchen „mit menschlichen Worten und in menschlicher Sprache [eröffnete], was in jener Schrift verborgen war."[114] Er knüpft somit geschickt den Faden über die göttliche Inspiration bzw. „göttliche Hilfeleistung" („*suggestione divina*")[115] hin zur Notwendigkeit des Menschen als Vermittler der Botschaften der Hl. Schrift für andere Menschen. Und dies könne nur mit menschlichen Worten bzw. menschlicher Sprache funktionieren. Er geht sogar noch weiter mit seinem Beispiel zu Moses, der zwar mit Gott gesprochen habe, aber sich dennoch Ratschläge zur Führung des Volkes bei seinem fremdstämmigen Schwiegervater geholt habe. „Denn es kommt nicht auf den Menschen an, der die Ratschläge gibt, sondern auf die Wahrhaftigkeit der Worte. Denn was anderes ist Wahrheit als Gott?"[116] Die Wahrheit („*veritas*") wird auch im weiteren Verlauf ein zentraler Begriff für Augustinus sein.[117]

Es gebe, so Augustinus, sicherlich auch Menschen, die von sich behaupten, sie besäßen die Gabe alles Dunkel der Bibel zu verstehen ohne zuvor durch menschliche Regeln unterrichtet worden zu sein. Doch auch ihnen sei Gott im Innern, der sie in Wirklichkeit belehre. Jene Fähigkeit sei also nicht aus ihnen selbst herausgetreten, sondern ihnen von Gott bzw. von Christus als innerem Lehrer übereignet worden.[118] Damit versucht Augustinus eine christliche

---

[110] Augustinus, *De doctrina christiana*, praefatio 5,9.
[111] Idem , praefatio 4,7. Christus als innerer Lehrer besonders behandelt in Augustinus, *de magistro*, 2,38.
[112] Pollmann, S.10.
[113] Siehe hierzu Apg. 9,3-6.
[114] Pollmann, S. 11. Siehe auch Apg. 8,26-35.
[115] Augustinus, *Prologus* 4.
[116] Pollmann, S.12. Laut Joh. 14,6 wird in der christlichen Tradition die Wahrheit mit Christus assoziiert. Hier und in den „confessiones" setzt Augustinus die Wahrheit allgemein mit Gott gleich (conf. 7,10,16). Die Problematik der Trennbarkeit von Gott und Sohn Gottes zeigt sich im hebräischen Wort [ÄLoHI'M], welches nicht nur als *Plurale tantum* im gesamten AT fungiert, sondern auch für beide Instanzen Verwendung findet. Das als gnostisch deklarierte Adambuch zeigt besonders deutlich den in der Bibel vorherrschenden dualistischen Gedanken von männlich und weiblich und deren Nennung mit ein und demselben altäthiopischen Wort.

[117] Als Feind Gottes und Christi galt jeder, der ein *inimicus veritatis* war: Der die Wahrheit der göttlichen Offenbarung nicht gelten ließ. Ein solcher Feind konnte nicht Mitglied der Gemeinschaft der Christen sein, wie schon Cyprian gelehrt hatte: „*qui adversarius Christi est… nobiscum non potest cohaerere.*" (Epist. 59,20). Für Näheres siehe T. Fuhrer, *Die christlich-philosophischen Diksurse der Spätantike*, S.25.
[118] Pollmann, S.12.

Antwort auf die platonische Anamnesis-Lehre[119] zu etablieren, was typisch für seine Vorgehensweise ist –nämlich Elemente anderer Disziplinen in den christlichen Kontext zu überführen, wie im Abschnitt zum Stil und im Fazit noch einmal expliziert werden wird. Sein Wissen um die antike Philosophie wird dementsprechend auch im restlichen Werk immer wieder Anwendung finden und sich vor allem auf platonische Systeme stützen.[120]

Dass die Menschen potentiell irrige Ideen haben können und/oder die Lüge als Besitztum haben, schließt Augustinus nicht aus, sodass generell die Möglichkeit dazu bestehe, dass man anderen seinen Irrtum weitergebe. Er geht hierbei sogar noch weiter. Vielmehr sieht er die Lüge als den einzigen Besitz des Menschen, der jedoch nichts mit Gott zu tun habe.[121] Daher seien seine Regeln umso relevanter, damit keiner „vom rechten Pfad des Verstehens" abkomme:[122] Die Hinzufügung dieser Aussage zeigt die defensive Haltung, mit der sich Augustinus gegenüber Kritikern seiner Schrift behaupten will, indem er sich auf die Hl. Schrift als Instanz bezieht, welche nicht imstande sei, zu lügen. Außerdem soll hiermit die Relevanz seiner Schrift bekräftigt werden.[123]

VI.III.III Buch 1

VI.III.III.I Allgemeines

„Zwei Dinge sind es, von denen die gesamte Auslegung der Hl. Schrift abhängt: erstens die Methode, wie man diejenigen Dinge entdeckt, die man verstehen muß, und zweitens die Methode, wie man die Dinge, die man verstanden hat, weitergibt. Dies ist eine große und beschwerliche Last."[124] Damit ist die Gliederung des Werkes klar: Zuerst geht es um die Entdeckung (*inventio*) und um das Verstehen (*intellegere*), dann um die Weitergabe (*proferre*).

Zunächst beschäftigt sich Augustinus damit, warum eine Weitergabe von Entdecktem an andere sinnvoll sei. Dies sei nämlich dann der Fall, wenn jene das Gesagte bzw. Geschriebene –Augustinus teilt hier noch nicht beide auf- mit „Güte" (*benignitas*) aufnähmen und gebrauchten (*uti*). So könne nämlich jenes anfänglich Gesagte durch den Nächsten gemehrt werden, der selbst etwas zur Wahrheitsfindung wisse. Augustinus nimmt das Beispiel der Brotteilung im Matthäusbuch.[125] Er schreibt dazu: „Hier waren es fünf und dort sieben Brote, bevor man begann, sie den Hungrigen zu geben. Am Ende der Speisung füllten sie die Körbe und Säcke mit Übriggebliebenen, nachdem sie so viele tausend Menschen gesättigt hatten […] Ebenso wie also jenes Brot sich vermehrte, während es gebrochen wurde, so werden die Dinge vermehrt werden…"[126] Es geht um die Betonung der Wichtigkeit für Christen ihre Erkenntnisse bezüglich der Bibel mit anderen zu teilen. Diese Lebensauffassung hat

---

[119] Siehe u.a. Platon, *Menon*, 79e-86c.
[120] Für Näheres dazu siehe das Kapitel „Forschungsüberblick über die kulturelle Identität von Augustinus".
[121] Siehe hierzu seine Werke *'de mendacio'* und *'contra mendacium'*.
[122] Pollmann, S.13.
[123] So passt zu Augustinus' Position eine Aussage Martin Luthers, der einmal vor dem Reichstag in Worms gesagt haben soll: „„Wenn ich nicht durch Zeugnisse der Schrift und klare Vernunftgründe überzeugt werde; denn weder dem Papst noch den Konzilien allein glaube ich, da es feststeht, dass sie öfter geirrt und sich selbst widersprochen haben, so bin ich durch die Stellen der Heiligen Schrift, die ich angeführt habe, überwunden in meinem Gewissen und gefangen in dem Wort Gottes. Daher kann und will ich nichts widerrufen, weil wider das Gewissen etwas zu tun weder sicher noch heilsam ist. Gott helfe mir, Amen!" (Reichstag von Worms, 1523)

[124] Die schwer zu tragende Last („*magnum onus et arduum*") ist zum einen zitiert von Cicero: „*Magnum opus omnino et arduum, Brute, conamur*" (Cic., *orator*, 10,33) und zum anderen erinnert es an Quintilian. Siehe hierzu Quintilian, *institutio oratoria*, 12, Proömium 1.
[125] Siehe hierzu Mt. 14, 17-21; 15,34-38.
[126] Pollmann, S.15.

Augustinus auch selbst verwirklicht und seit seiner Bekehrung als Prediger gelebt. Dass das Brot der Leib Jesu Christi ist und der Sohn Gottes innerhalb der Hl. Schrift für die Wahrheit, für die Richtigung und das Wort steht, setzt Augustinus als unterschwellige Botschaft unter sein gewähltes Beispiel und deutet damit wieder auf den Zentralbegriff der „veritas".

VI.III.III.II Die Dinge und die Zeichen

Wie bereits im Kapitel zum Prolog festgehalten wurde, beschäftigt sich Augustinus in den ersten drei Büchern mit den Dingen (res) und den Zeichen (signa). Dazu liefert er zunächst eine ausführliche Grunddefinition der beiden: „Jede Unterweisung bezieht sich auf Dinge oder Zeichen, aber Dinge werden durch Zeichen gelernt."[127] Vergleichbar ist diese Formulierung mit Quintilian, welcher schrieb: „Jede Rede besteht aus [...] Dingen und Worten"[128], wobei Quintilian seine Definition für den rhetorischen Kontext konzipiert hat, während Augustinus auf jede Art der Unterweisung, nämlich die „doctrina", bezogen ist. Er möchte ein allgemeingültigeres, überdisziplinäres Regelwerk erschaffen und daher nutzt er diese Vokabel.

Bei den res und signa gebe es jedoch ein Ungleichgewicht: Während alles, auch die Zeichen, Dinge seien, seien aber nicht alle Dinge Zeichen. Augustinus meint, ihm seien auch solche Dinge bekannt, die keine Referenz außerhalb ihrer selbst hätten und zählt dafür als Beispiele einige materielle Dinge wie Steine, Holz usw. auf. Allerdings könnten individuelle Vertreter dieser Klassen zu Zeichen werden, die auf andere Dinge verweisen. Hier dient im erneut das Holz als Vorbild: Jenes nämlich habe Moses genutzt, um aus einem bitteren Gewässer ein süßes zu machen.[129]

Daneben gebe es Zeichen, die ihre Funktion ausschließlich im Bezeichnen hätten – darunter würden die Wörter der Sprache fallen. Die semiotische Bestimmung von Worten als Zeichen geht auf die peripatetisch-stoische Tradition zurück. Während die aristotelische Schule meinte, dass Wörter Zeichen seien für seelische Widerfahrnisse (παθήματα τῆς ψυχης), so sprachen die Stoiker von Vorstellungen (φαντασίαι). Und diese seien wiederum Abbildungen der Dinge in der denkenden Seele.[130]

VI.III.III.III Genuss und Gebrauch

Schließlich gebe es noch Dinge, die man genießen (frui) müsse, Dinge, die man gebrauchen (uti) müsse und Dinge, die man gleichzeitig genießen und gebrauchen könne.[131] Die Dinge, die man genießen müsse, würden einen glücklich machen. Und jene Dinge, die man gebrauchen müsse, würden uns bei unserem Streben nach Glück (beatitudo) helfen. Versuchten wir aber die Dinge, die gebraucht werden müssen, zu genießen, „dann [würde] unser Lauf gehindert und [...] abgelenkt, so daß wir vom Erlangen dieser Dinge, die zu genießen sind, entweder abgehalten oder zurückgerufen werden..."[132] Augustinus meint, dass wir uns nicht mit niederen Gebrauchsdingen zufrieden geben und mehr nach dem wahren Glück suchen sollten. Was er unter dem wahren Glück versteht, soll später in dieser Arbeit erklärt werden. Die Unterscheidung der Dinge in diese, die um ihrer selbst willen erstrebt werden und jene, die um einer anderen Sache willen erstrebt werden, findet sich schon bei

---

[127] Eadem, S. 16
[128] Siehe hierzu Quintlian, institutio oratoria, 3,5,1.
[129] Siehe hierzu 2M 15,25. Für den Rezipienten dieser Stelle könnte dieses Beispiel recht schwer verständlich gewählt sein, zumal auch Augustinus' Sprache und Denken sehr verschachtelt ist. Offensichtlich wäre es gewesen zu sagen: Eine Taube als Ding sei zum Zeichen des Friedens geworden.

[130] Vergleiche Aristoteles, De int. I, 16a3-8.
[131] Pollmann, S.17. Augustinus ist diese Bestimmung durchaus wert sie als eine „magna quaestio" zu bezeichnen.
[132] Pollmann, S.17

Platon[133], wobei Platons Untersuchung im Hinblick auf die Ethik stattgefunden hat. Augustinus dagegen untersucht das menschliche Verhalten gegenüber Gott und gegenüber allen anderen Dingen.

Den Genuss definiert Augustinus damit, einer Sache um ihrer selbst willen anzuhängen: *„Frui est enim amore inhaerere alicui rei propter se ipsam…"*[134] Etwas zu gebrauchen bedeute dagegen alles, was sich für den Gebrauch anbiete, auf das Erlangen dessen zu beziehen, was man liebe –sei es eine Sache oder ein Mensch, der geliebt werden solle.[135] Der Gebrauch jedes Mittels wäre recht, um das zu erlangen, was man liebe. Augustinus spricht hier von einem *Missbrauch* (*abusus*) durch unerlaubten Nutzen. Für die Missbräuchlichkeit (*abusio*) nennt Augustinus ein Exempel: Befände man sich in der Fremde und fühle sich dort elendig, so würde man Fahrzeuge entweder zu Land oder Wasser zum Gebrauch benötigen, um in seine glückbringende Heimat zurückkehren zu können. Wenn man aber plötzlich an dem Weg oder Nutzen des Fahrzeuges Gefallen finden würde und sich somit an den Dingen des Gebrauchs erfreute, würde man das Ziel glücklich zu werden aus den Augen verlieren. Augustinus bezeichnet das als eine „verkehrte Annehmlichkeit" (*perversa suavitate*)[136], die einen der Heimat, welche im Ursprung das einzige Glück bedeutet hat, entfremden würde. Das Motiv der Pilgerschaft kommt öfter in diesem Werk vor.[137]

Im Schluss heißt das für Augustinus, dass man sein sterbliches Leben, das man fern vom Herrn führe (2.Kor 5,6), nutzen solle, um die Welt zu gebrauchen und nicht zu genießen und „damit das unsichtbare Wesen Gottes durch die Dinge, die geschaffen worden sind, erkannt und erblickt" werde.[138] Es solle das Ewige und Geistige erfasst werden. Dieser Wunsch ist nicht ganz fremd, formuliert Quintilian ihn im zwölften Buch seiner *„institutio oratoria"* ebenfalls ganz ähnlich: Er fordert, dass man sich nicht den weltlichen Vergnügungen unterwerfen solle, da es eine Zeitverschwendung sei. Vielmehr solle man die Zeit dazu nutzen, zu studieren und den Geist zu schulen, was am besten funktioniere mit einem freien und nicht abgelenkten Geist.[139]

Die Beantwortung der Frage, die beim aufmerksamen Leser aufgekommen sein dürfte – nämlich, was die Dinge sind, die man genießen soll- hält Augustinus sofort bereit. Das seien der Vater, der Sohn und der Hl. Geist und deren Dreifaltigkeit. Jene sei „eine Art einzelnes und höchstes Ding".[140] Er definiert sie: „Als ein einziger Gott, aus dem alles, durch den alles und in

---

[133] Siehe hierzu Platon, *Res publica*, 2,357 B-D.
[134] Augustinus, *De doctrina christiana*, Lib. Primus, IV,4,8.
[135] Pollmann, S.17.
[136] Augustinus, *De doctrina christiana*, Lib. Primus, IV,4,8.
[137] Es ist außerdem zugleich stoisch-neuplatonisch, umgewandelt von Augustinus, um den eschatologischen Vorbehalt der Kirche und die Vorläufigkeit der gegenwärtigen Existenz des individuellen Christen zu beleuchten. Die „Heimat" (*patria*) ist für ihn erst im Jenseits dauerhaft. Die gesamte augustinische Ethik ist finalisiert hin auf das eudaimonistische Ziel der ewigen Seligkeit. Die ewige Glückseligkeit im Jenseits findet sich vor allem in Augustinus' Schrift *„de beata vita"* wieder. Seine Glücksphilosophie ist für die Spätantike und das frühe christliche Mittelalter typisch. Schon Platon schrieb in seinen Dialogen über das Glück, das erst nach dem Tode eintreffe. In der Folgezeit formuliert auch Martin Luther eine gleiche Ansicht.
[138] Pollmann, S.17-18.
[139] Siehe hierzu Quintilian, *institutio oratoria*,12,1,5-6: *„…carentibus curis […] Ita demum enim libera ac tota, nulla distringente atque alio ducente causa , spectabit id solum, ad quod accingitur. Quod si agrorum nimia cura et sollicitior rei familiaris diligentia et venandi voluptas et dati spectaculis dies multum studiis auferunt (huic enim rei perit tempus, quodcumque alteri datur), quid putamus facturas cupiditatem, avaritiam, invidiam, quarum inpotentissimae cogitationes somnos etiam ipsos et illa per quietem visa perturbent?"*
[140] Pollmann, S.18. Im Lateinischen steht hier *"una summa res"*. Die Entwicklung der Trinitätslehre, die die Wesenseinheit Gottes in drei Hypostasen bedeutet, wurde 325 im ersten Konzil von Nicäa begonnen und zu Augustinus' Lebzeiten in diversen Synoden weiterentwickelt. Possidius hat in der augustinischen Vita festgehalten, dass Augustinus eifriger Besucher dieser Treffen war. So ist für ihn die Trinität von großer Bedeutung, sodass er sie hier gleich als das höchste Ding bezeichnet.

dem alles ist."[141] Alle drei seien ein Gott und zugleich sei jeder eine vollständige Substanz (*substantia*). Sie seien ewig (*aeternitas*), unwandelbar (*incommutabilitas*) und erhaben (*maiestas*). Im Vater sei die Einheit (*unitas*), im Sohn die Gleichheit (*aequalitas*) und im Hl. Geist die Eintracht (*concordia*) von beidem. Sie bildeten eine Einheit wegen des Vaters, sie seien alle gleich ob des Sohnes und verbunden auf Grund des Hl. Geistes.[142]

Dem platonischen Gedankengut entsprechend (v.a. „*Timaios*" und „*Kratylos*") formuliert Augustinus im Anschluss einen Transzendenz-Gedanken.[143] Er fragt sich, ob das Gesagte über Gott jenem würdig gewesen sei, denn da Gott unsagbar sei, könne auch kein Gesagtes über ihn gesagt werden. Und doch könne man sagen, dass er unsagbar sei.[144] Die Unaussprechlichkeit des höchsten Seins hat platonische Tradition und wie Augustinus selbst in seinen "*confessiones*" zugibt, habe ihn der Neuplatonismus stark beeinflusst.[145] Dennoch habe Gott dem Menschen, obgleich der über ihn nichts auf angemessene Weise sagen könne, die „Gefolgschaft der menschlichen Stimme" (*humanae vocis obsequium*) gegeben. Daher sei es möglich, etwas über Gott zu sagen. An dem Beispiel „*deus*" macht Augustinus klar, dass Gott an diesem Wort selbst nicht erkannt werde. Er betont sehr den unüberbrückbaren Gegensatz zwischen gesellschaftlichen konsensuell fixierten Worten und der durch sie bezeichneten Sache.[146] Der Lateinkundige werde allerdings beim Klang des Wortes zum Nachdenken über jene unsterbliche Natur angeregt. Im Prinzip liefert Augustinus damit eine Rechtfertigung für seine Forschung und Weitergabe der Hl. Schrift. Ihm sei der Mund zum Sprechen gegeben worden und die gesellschaftlich festgelegten Wörter könnten trotzdem im Geist der Zuhörer/Leser die richtige Wirkung entfalten.

VI.III.III.IV Sinnliche vs. geistige Wahrnehmung

Im nachfolgenden Abschnitt unterscheidet Augustinus zwischen denjenigen, die mit körperlichen Sinnen das Höchste wahrnehmen wollen und denen, die im Geist feste Vorstellungen vom Höchsten zu bilden versuchen, indem sie sich etwas Leuchtendes oder gar eine vermenschlichte Gestalt ausmalen. Beiden Gruppierungen, unter welchen Augustinus auch die paganen Polytheisten nennt, schwingt eine deutliche Kritik von Seiten des Kirchenvaters mit. Im positiven Kontrast dazu setzt er alle, die nach der geistigen Erkenntnis streben, was Gott sie. Jene zögen ihn allen körperlichen und sichtbaren Wesen vor –selbst den geistig Vorstellbaren, da diese der individuellen Veränderbarkeit unterworfen seien. Zusammenfassend lässt sich also sagen, dass die geistige Erkenntnis für Augustinus der körperlichen vorzuziehen ist.

---

[141] Pollmann, S.18

[142] Augustinus, *De doctrina christiana*, Lib. Primus, V,11.

[143] Vgl. mit dem Begriff der ‚Negativen Theologie'.

[144] Pollmann, S.18-19.

[145] Augustinus, *confessiones*, Lib. Secundus 11,2.

[146] Tertullian nutzt dagegen „*deus*" als den eigentlichen Namen des wahren Gottes. Siehe hierzu Tertullian, *Adversus nationes* 2,4,1-6. Interessant wäre in diesem Kontext auch, wie Augustinus –hätte er die relevanten Kenntnisse im Hebräischen gehabt- darauf reagiert hätte, dass eine der häufigsten Bezeichnungen für die Instanz „Gott" im Alten Testament im Ursprung einen Dual darstellt und erst in späterer Zeit als *plurale tantum* genommen wurde. Vor dem Hintergrund, dass Vater und Sohn zu Beginn existiert hätten als dualistisches System aus Einzelkräften, welche jedoch als Eines zu begreifen sind und welche den Adam nach ihrem Abbild erschaffen hätten, dann wäre alleine schon hier anhand eines gesellschaftlich fixierten Wortes eine nähere Information zu der höchsten Instanz gewonnen (gab es für Augustinus nicht die Vorstellung der von Gott eingegeben Worte, die die ‚Empfänger' zur Hl Schrift machten?). Von einer modernen Trennung *per definitionem* zwischen männlich und weiblich kann hierbei nur gesprochen werden, wenn bei der Entnahme einer Zelle von Adam die Chawa'h erschaffen wurde. Der zuerst geschaffene Adam hat als Abbild der dualen ÄLoHiM beide Eigenschaften besessen und so war eine Definition von männlich und weiblich noch nicht relevant. Erst danach finden sich im Textcorpus spezifische Endungen für beide Geschlechter.

"Die Menschen werden nämlich gleichsam durch die widrigen Winde der verkehrten Sitten aus gerade dieser Heimat gestoßen, indem sie Zweitrangiges und Nachgeordnetes verfolgen anstatt das, was, wie sie bekennen, besser und hervorragender ist."[147] Augustinus macht einen Bogen zurück zum Genuss, weil man jene Wahrheit (in der die Trinität sorge) genießen müsse, die unveränderlich lebe.[148] Dafür müsse der Geist gereinigt werden, damit er jenes Licht (=Wahrheit) erkennen und ihm anhängen könne. Reinigung sei hierbei eine Wanderung und Schifffahrt zur Heimat, welche die Weisheit sei. Durch gutes Bemühen und gute Sitten (*bono studio bonisque moribus*)[149] bewegten wir uns zu ihm. Augustinus nutzt hier die alte Metapher der Schifffahrt, dessen Ursprung ein mythologischer ist.[150]

Die Weisheit sei die Heimat, in die zu gelangen uns also glücklich mache. Und sie sei gleichzeitig auch der Weg zur Heimat und leite uns dorthin. Dass die Weisheit (*sapientia*) die Heimat sei, wurde bereits im vorigen Abschnitt erwähnt. Dass sie aber auch gleichsam der Weg gen Heimat sein soll, ist eine kleine Erweiterung, weil es zuvor noch hieß, dass es durch „gutes Bemühen und gute Sitten" geschehen könne. Augustinus impliziert also, dass sittenhaftes Verhalten nur durch Weisheit möglich sei. Dass die Weisheit uns ebenso eine Anleiterin[151] ist, deutet schon auf das hin, was Augustinus dem Leser danach mitteilen will: „Die Weisheit, die unveränderliche, die dadurch über uns veränderlichen Wesen steht, hat es nicht für unwürdig gehalten in so manchen Menschen zu kommen und die rechte Lebensführung zu weisen. Manche dürften glauben, dass die Weisheit dumm gehandelt habe zu uns schwachen Menschen zu kommen, da sie durch uns, während sie uns stärker mache, selber schwächer werde."[152] Angespielt wird hier auf Christus als die Weisheit, denn er ist derjenige, der als weises Licht zu den Menschen kam, um sie zu führen. Er gab ihnen ihre Weisheit und nahm dafür die Schwäche eines fleischlichen Leibes auf sich: „Und während sie einem gesunden und reinen inneren Auge überall gegenwärtig ist, hat sie sich sogar dazu herabgelassen, den fleischlichen Augen jener zu erscheinen, die ein schwaches und unreines inneres Auge haben."[153]

VI.III.III.V Die Begierde als Hindernis die Weisheit zu erlangen

Durch ihre Begierde (*lubido*) seien manche Menschen nicht in der Lage gewesen, die Weisheit zu erkennen. Dies meint diejenigen, die den für den fleischlichen Christus die Kreuzigung wollten. „Auf welche Weise kam er, wenn nicht, indem das Wort Fleisch geworden ist und unter uns gewohnt hat?"[154] Das heißt, dass die Weisheit Fleisch wurde in Form von Worten. So langsam beginnt Augustinus der Hl. Schrift und ihrer hohen Geltung näher zu rücken. Wie die

---

[147] Pollmann, S.21.
[148] Pollmann, S.22.
[149] Augustinus, *De doctrina christiana*, Lib. Primus, X,10,22.
[150] Gemeint ist die Argo als erstes Schiff aus den sagenhaften Erzählungen um die Reise der Argonauten. Auch Quintilian bedient sich dieser Szenerie in seinem Prooimium. Für ihn ist es besonders ehrenwert den Heimathafen zu verlassen und als Rhetor aufs offene Meer hinauszufahren und etwas zu wagen. Augustinus dagegen spricht von den widrigen Winden als potentielle Gefahr des offenen Gewässers, die einen abbringen könnten und sieht es als Ziel an die Heimat zu besegeln. Beide verfolgen vollkommen andere Intentionen mit derselben Bildhaftigkeit. Siehe u.a. Quintlian, *institutio oratoria*, Buch 12, Proömium.

[151] Augustinus personifiziert hier die Weisheit.
[152] Pollmann, S.22.
[153] Pollmann, S.22. Die Vorstellung des inneren Auges, mit dem die Gottesschau möglich ist, ist neuplatonisch und wird u.a. von Plotin oder Origines genutzt. Siehe hierzu Plotin, *Enneaden* 1,6,9 und Origines, *Homiliae in Canticum* 2,4.
[154] Pollmann, S.23. Augustinus denkt hierbei an eine bestimmte Bibelstelle, nämlich Joh. 1,14: „Und das Wort wurde Fleisch und hatte Zelt inmitten von uns, und wir erschauten seine Herrlichkeit, die Herrlichkeit als des Alleiniggewordenen seitens des Vaters, voller Gnade und Wahrheit." (siehe hierzu F.H. Baader, DaBhaR) Gleichzeitig wird hier die stoische Vorstellung vom äußeren, sinnlich wahrnehmbaren (*logos prophoikos*) und inneren, gedachten Wort (*logos endiathetos*) angedeutet.

Leser schon erfahren konnten, ist für ihn die Weisheit die Heimat, das höchste Gut und unveränderlich. Das rückt die Bibel in ihrer Bedeutung für den Menschen an die höchste Stelle, ohne dass Augustinus dies direkt sagt, sondern er erwartet das aufmerksame Mitverfolgen seiner Gedankengänge, wie er schon in der Einleitung des Werkes formuliert hat.

VI.III.III.VII Die Heilung der Seele

Eine längere Erläuterung zur Heilung der Seele unterbricht ein wenig die Gedankengänge. Dort wird Christus als innerer Arzt behandelt, welcher in der Lage sei die Seelen zu heilen, damit sie nicht zusammen mit dem Leib dem Tod erlägen.[155] Das Zusammenspiel bzw. die Beziehung beider Instanzen zueinander wird noch einmal in einem späteren Zusammenhang einbezogen.

Unter all diesen bisher behandelten Dingen, so Augustinus, seien jene, die genossen werden müssten, die ewigen und unveränderlichen. Die übrigen seien nur zu gebrauchen, um zum Genuss zu gelangen. Man merkt, dass Augustinus hier über viele kleine Einzelthemen einen großen Bogen ziehen wollte. Eigentlich ging es ihm um genau diese Erkenntnis, was es zu genießen und was es zu gebrauchen gelte. Da alle Argumente aber einen gedanklich stringenten Weg gehen, sind sie auch alle für diese Grundaussage relevant und daher nicht zu vernachlässigen.

VI.III.III.VIII Der Mensch als genießendes und gebrauchendes Ding

Der Mensch als genießendes und gebrauchendes Ding bildet den nächsten kleineren Themenkomplex. Augustinus nennt den Menschen eine große Sache, da er ja das Abbild Gottes sei.[156] Er sei jedoch nicht durch seinen sterblichen Leib Gottes Abbild, sondern durch seine vernunftbegabte Seele, die den Tieren überlegen sei.[157] Noch einmal sagt er, dass Genuss bedeute, einer Sache um ihrer selbst willen aus Liebe anzuhängen. Daraus ergibt sich für ihn die nächste Frage, nämlich, ob die Menschen sich genießen, gebrauchen oder beides sollten.[158] In Joh. 13,34;12;15 und 17 stehe, dass der Mensch sich gegenseitig lieben solle. Soll er einen anderen aber um seiner selbst willen lieben, was Augustinus' Definition von Genuss war, oder um einer anderen Sache willen –das fragt sich der Autor an dieser Stelle. Denn täten wir das um seiner selbst willen, genössen wir ihn. Täten wir es um einer anderen Sache willen, würden wir ihn gebrauchen. Letztendlich, meint Augustinus, müsse man den anderen Menschen um einer anderen Sache willen lieben. Und zwar um das glückselige Leben willen, um Gott willen und ob seines Strebens nach Gott: *„Videtur autem mihi propter aliud diligendus. Quod enim propter se diligendum est, in eo constituitur beata vita [...] Si ergo te ipsum non propter te debes diligere, sed propter illum ubi dilectionis tuae rectissimus finis est, non suscenseat alius homo, si etiam ipsum propter deum diligis.“*[159]

Man dürfe sich auch nicht selbst genießen. Dann würde man mangelhaft glücklich sein und wäre von Gott und seiner Glückseligkeit durch die eigene Existenz abgelenkt: "Dann ist man freilich der beste Mensch, wenn man mit seinem ganzen Leben zu dem unvergänglichen

---

[155] Augustinus unterscheidet hier den Tod des Körpers und den Tod der Seele (des Sünders), was seit Tertullian traditionell ist. Mehr dazu findet sich bei Augustinus, De civitate, 13,2; 20-22.

[156] Siehe hierzu 1M 1,26f.

[157] Der Gedanke des seelischen Abbildes ist einer, der teilweise vertreten wird. Manche nehmen aber auch eine Art energetische Gestalt an, die vom zweigeschlechtlichen ÄLoHI'M Abbild wurde, nämlich Adam. Dem Adam hängen in dieser Denkrichtung sowohl weiblich als auch männlich als Eigenschaft an, Später wird ihm das Weibliche entnommen und eine ChaWa'H geschaffen. Der Versuch einer biologischen und physischen Erklärung dieser Schöpfung ist modern.

[158] Pollmann, S.27.

[159] Augustinus, *De doctrina christiana*, Lib. Primus, XXII,40.

Leben aufbricht und jenem mit ganzer Leidenschaft anhängt."[160] Die Regel der Liebe (*regula dilectionis*)[161] nämlich sei von Gott her festgelegt worden: „Du sollst, sagt er, deinen Nächsten lieben wie dich selbst, Gott aber mit ganzem Herzen, mit ganzer Seele und mit ganzem Sinn, so daß du alle deine Gedanken, dein ganzes Leben und deine ganze Erkenntnis auf jenen hinlenkst...." Diese Dreierschaft lasse im Leben keinen Raum mehr, um andere Sachen genießen zu wollen, so Augustinus.[162]

VI.III.III.IX Liebe und Hass

Nicht alles, was man gebrauchen müsse, dürfe man lieben.[163] Liebe sei auch immer mit Genuss verbunden. Man dürfe dementsprechend nur das zu Gebrauchende lieben, was uns zu einer Art Gemeinschaft mit Gott führe. Dies seien zum Beispiel die Engel als Boten Gottes. Dies sei aber auch unser Körper, der den Dienst für Gott tun müsse. Das führt Augustinus zu seinen vier Stufen, die man lieben dürfe: Das sei als höchste Instanz die Dreifaltigkeit mit ihrer Unvergänglichkeit und Ewigkeit. Als zweites sollten wir uns selber (um Gott willen) lieben. Danach sei unser Körper zu lieben und zuletzt unsere Nächsten (um Gott willen). Plotin macht in seinen „*Enneaden*"[164] eine Vierteilung des Seins in Gott, Nous, Seele und Leib. Für Augustinus sind Nous und Gott nicht getrennt, doch dafür teilt er in zwei Seelen auf: Nämlich in die eigene und die des Nächsten. Die platonische Anthropologie sieht den menschlichen Körper getrennt von der Seele, welche die Identität des Menschen ausmache. Augustinus erwähnt allerdings auch das aristotelische Modell einmal in diesem Werk, wo Körper und Seele gemeinsam den Menschen ausmachen.[165]

Auf den Gegensatzbegriff, nämlich den Hass (*odium*), kommt Augustinus auch zu sprechen. Häufig fällt dieser Ausdruck vor allem in seinen „confessiones" oder in seiner Schrift „de trinitate".[166] Die fleischliche Gewohnheit sei seit dem Sündenfall zur zweiten Natur des Menschen geworden und daher so schwer zu kontrollieren. Vor allem die Begehrlichkeit (*concupiscentia*) leite uns in unseren Gewohnheiten. Der Begriff *concupiscentia* findet sich bei Augustinus oft negativ konnotiert.[167] Augustinus zählt drei Arten der Begehrlichkeiten auf: Da sei zum einen die körperliche Begierde (*concupiscentia carnis*) wie Fresssucht oder Sexualität, zum anderen sei es intellektuelle Neugier (*concupiscentia oculorum*) um ihrer selbst willen und weltlicher Ehrgeiz (*ambitione saeculi*).[168] Wenn man sich so viel Liebe von anderen einfordere bis dahin, dass jene einem zu dienen beginnen, obwohl dies Gott alleine zustehe, dann sei die Seele frevlerisch. Eine derart übersteigerte „Eigenliebe" werde „Hass" genannt. Eine solche Seele wolle, dass ihr das diene, was unter ihr sei und nicht wolle sie selbst dem Höheren dienen: "Wer aber die Ungerechtigkeit liebt, hasst seine Seele" (Ps 10,6).

VI.III.III.X Die Seele vs. der Leib

Die Folge für die Seele für das frevlerische Verhalten sei, dass sie schwach werde und vom sterblichen Leib gequält werde, obwohl sie naturgemäß eigentlich die Oberherrschaft über den Körper halten solle. Der sterbliche Körper drücke die ungesunde Seele nieder, weil sie zu

---

[160] Pollmann, S.28.
[161] Die Regel der Liebe (*regula dilectionis*) leitet den Menschen in seinen Handlungen Die Regel der Wahrheit (*regula veritatis*) führt zum Glauben. Siehe hierzu Augustinus, „*De doctrina christiana*", 1,8,8,19.
[162] Pollmann, S.29.
[163] Wie gerade festgehalten wurde, dürfe man den Menschen gebrauchen, indem man ihn um einer anderen Sache willen liebe.
[164] Siehe hierzu Plotin, *Enneaden*, 1,7.
[165] Siehe hierzu Augustinus, „*De doctrina christiana*", 1,26, 27, 58.
[166] Siehe hierzu u.a. Augustinus, „*confessiones*", 7,17,23 oder *de trinitate*, 8,1,2.
[167] Vgl. u.a. Liber Tertius II,4,6; XI,17,39.
[168] Siehe hierzu Augustinus, „*confessiones*", 10,30,41 ff.

schwach sei sich zu wehren. Augustinus nennt dies eine kranke Seele. Vergleichsweise stellt er ihr die gesunde Seele gegenüber, welche die Unsterblichkeit und Unverdorbenheit des Körpers entstehen lasse. Sie dominiere über ihn mit seinen ihm anhaftenden, körperlichen Begierden. Es folgt ein Vergleich zwischen der gesunden und der kranken Seele in Form einer Synkrisis: Eine kranke Seele würde sich den Begehrlichkeiten, die der Körper verspüre, unterwerfen und damit dem Körper selbst. Das leibliche Wohl wäre hier das oberste Gut. Eine gesunde Seele könne nur gesund sein und bleiben, wenn sie dem Höchsten anhänge: Dem unwandelbaren Gott.

Rechte Menschen disziplinierten ihren Körper und unterjochten die "Begierden" der Seele nach niederen Dinge, die sie zu locken versuchten: "Sie streben nämlich danach, die Begierden, welche den Körper schlecht gebrauchen, d.h. die Gewohnheiten einer Seele, die eher dazu geneigt ist, Niederes zu genießen, durch eine mühselige Zucht eben dieses Körpers auszulöschen."[169] Die anderen, die ihre Seelen hassten, würden sich um einen möglichst leicht zu handhabenden Körper bemühen, dem sie nichts verbieten. Der Körper werde hier dominant und drücke die Seele nieder. „Niemand freilich haßt sich selbst."[170] Augustinus meint, dass es niemanden geben könne, der seinen eigenen Körper oder sich selbst hassen könne, denn das, was man in Wirklichkeit hasse, sei die Verdorbenheit und die „Bürde" des Körpers. Er untermauert die Aussage mit dem Beispiel, dass ein Habgieriger sich, trotzdem er sein Geld liebe, Brot kaufe, um den noch wichtigeren Leib zu nähren.

Andere, die es falsch handhaben würden, begännen einen Krieg zwischen ihrer Seele und dem Körper. Sie bekriegten den Körper wegen seines natürlichen Verlangens und wollten mit allen Mitteln, seien es auch schädliche für den Leib, den Körper der Seele untertan machen, was der natürlichen Ordnung (*naturalis ordo*) entspreche: Die Hierarchie vom unwandelbaren Gott hinunter bis zu den materiellen Dingen. Am Ende bezweifelt Augustinus doch, dass jene im Ernstfall auch nur eines ihrer Augen hergeben würden, weil sie in Wirklichkeit nicht in der Lage seien ihren Körper zu hassen.[171] Freilich gab es zu Augustinus' Zeit Formen der Askese. Possidius berichtet in seiner Vita, dass auch Augustinus ein asketisches Leben führte und sich nur mit dem Nötigsten versorgte nach seiner Bekehrung. Um die Askese scheint es Augustinus hier jedoch nicht zu gehen, denn die Leute, die er hier anprangert, gehen den Schritt der Selbstkasteiung.[172]

Damit der Körper nach der Auferstehung in „höchster Harmonie" der Seele untertan sein und so unsterblich leben werde (das ist entgegen der platonischen Tradition, wo es um die Trennung von Leib und Seele nach dem Tode geht), müsse man im Leben einüben die körperlichen Lüste in etwas Besseres zu verwandeln und eine Rebellion des Körpers zu vermeiden. Dabei leiste die Seele dem Leib nicht aus Hass Widerstand, sondern sie hüte ihn wegen ihrer natürlichen Vorherrschaft. Der Körper wehre sich nicht aus Hass gegen die Seele, sondern wegen den „Fesseln der Gewohnheit". Man müsse Regeln aufstellen, wie man seinen Körper lieben solle, damit es ihm nütze. Augustinus findet es offensichtlich, dass jeder nach Gesundheit und Unversehrtheit strebe. Dennoch gebe es andere Dinge, die man mehr liebe

---

[169] Vom „Gewicht der fleischlichen Gewohnheit" handelt ein größerer Abschnitt ist den „*confessiones*". Siehe hierzu Augustinus, „*confessiones*", 7.

[170] Pollmann, S.30.

[171] Pollmann, S.32.

[172] Im Mittelalter hat es einige kleinere Gruppierungen gegeben, die sich selbst geißelten. Doch erst im 13. bis hinein ins 14. Jahrhundert gab es größere Flagellantenbewegungen mit Verwendung von Bußgürteln, Büßerhemden oder Cilicia. Bis heute bekannt ist als Randgruppe die Organisation Opus Dei sowie die schiitischen Passionsspiele, woran zu ersehen ist, dass Augustinus' Vorstellung, der Mensch liebe seinen Leib so sehr, dass er ihm keinen ernsthaften Schaden beibringen würde, vertrauensselig ist.

als die eigene Gesundheit und Unversehrtheit, wenn man zum Beispiel den Verlust von Körperteilen hinnehme oder sich in Gefahr bringe für andere. Das heiße aber nicht, dass einem die eigene Gesundheit nicht trotzdem am Herzen liege.

Alle Menschen sollten gleich geliebt werden (auch die Feinde). Besonders solle man denen nützen, mit denen man zeitlich und räumlich am engsten verbunden sei.[173] Wenn man etwas im Überfluss besitze, solle man es einem Bedürftigen abgeben. Reiche der Überfluss nicht für zwei, obwohl gleich zwei Bedürftige einem begegnen könnten, solle das Los entscheiden, wem von beiden man abgebe. Diese Praxis wird Augustinus sicherlich aus seinem eigenen Alltag kennen. Possidius schreibt über ihn, dass er den Armen immer aus der Kirchenkasse Almosen verteilt habe. Er soll sogar Hab und Gut der Kirche einschmelzen lassen haben, um das Gold verteilen zu können.[174] Der Sinn und Zweck anderen Hilfe zu leisten oder Hilfe zu erhalten liege darin, dass alle mit einem Gott lieben. Ein Beispiel für dieses Phänomen nimmt Augustinus aus einer Beobachtung in seiner Jugendzeit, als er noch der Freude des Theaters erlegen war. Denn liebe jemand einen Schauspieler, dann liebe er auch alle anderen, die den Schauspieler auch lieben. Er liebe die anderen sozusagen um ihrer Liebe zum Schauspieler willen und er versuche so viele wie möglich dazu zu bringen, jenen Schauspieler zu lieben: „Er sucht das Feuer der Liebe auch auf andere zu übertragen und sie zu überzeugen." Und die, die den Schauspieler hassten, würde er versuchen mit Worten umzustimmen. Er hasse dabei deren Hass. Die Überzeugung (*persuasio*), von der hier die Rede ist, deutet schon auf die Aufgabe, die Augustinus später in dem Werk mehrfach proklamiert –vor allem im vierten Buch zu den Redevorschriften des Predigers. Es geht um die Überzeugung durch Worte. Eine Assoziation könnte dem aufmerksamen Leser und Mitdenkenden in diesem Moment kommen. Gemeint ist die Missionierung, wenngleich zu Augustinus' Zeit kaum repressive Maßnahmen gegen pagane Gruppierungen stattgefunden haben. Es wurden zwar Edikte erlassen, aber gewaltsame Auseinandersetzungen gegen Nichtchristen dürften Augustinus fremd gewesen sein. Er postuliert hier eine gewaltfreie Überzeugung von dem „Feuer der Liebe" jenseits der in den nachfolgenden Jahrhunderten gewaltsam durchgeführten Missionierungen wie sie zum Beispiel gegen die Sachsen stattfanden.[175]

VI.III.III.XI Der Nächste

Augustinus macht sich daran, den Nächsten zu definieren. Nur der könne nämlich ein Nächster genannt werden, der einem anderen eine Hilfeleistung darbiete oder darbieten könnte. Dies gelte auch andersherum. Es gehe um die Bildung einer Gemeinschaft.[176] Auch seinen Feinden, die einen hassten, solle man ein Nächster sein und „Barmherzigkeit" erweisen: „ἐγὼ δὲ λέγω ὑμῖν· ἀγαπᾶτε τοὺς ἐχθροὺς ὑμῶν καὶ προσεύχεσθε ὑπὲρ τῶν διωκόντων ὑμᾶς."[177] Augustinus bezieht das Ganze auch auf die zehn Gebote. Da man jeden Menschen als Nächsten behandeln solle, dürfe man ihnen der Logik nach auch nichts Böses tun wie sie zu bestehlen usw.[178] Auch die Engel gehörten in die Regelung des Nächsten herein, denn da laut Definition jener ein Nächster sei, welcher eine barmherzige Gabe leiste, müssten auch die Engel uns Nächste sein, da sie große Werke der Barmherzigkeit getan hätten.

---

[173] Pollmann, S.34.
[174] Possidius, *Vita Augustini*, 24,15.
[175] Siehe hierzu Peter Brown, *The rise of Western Christendom*, Cambridge 2003.
[176] Pollmann, S.36.
[177] Siehe hierzu *Novum Testamentum Graecae*, Mt. 5,44.
[178] Pollmann, S.37.

"Dessen wir uns aber erbarmen und für den wir sorgen, zu dessen Nutzen freilich tun wir dies, und wir haben diesen im Sinn; aber irgendwie hat dies auch einen Folgenutzen für uns, da Gott diese Barmherzigkeit, die wir für einen Bedürftigen aufwenden, nicht ohne Lohn läßt."[179]

Wenn wir unsere Hoffnung auf Glückseligkeit auf einen Menschen oder Engel richteten, indem wir uns wechselseitig in uns selbst genießen würden, dann würden sich nur hochmütige (*superbia*) Menschen und Engel anmaßen, dass das Glück anderer auf ihnen throne. Die *superbia* ist die typische Eigenschaft gegen die Superiorität Gottes und wird im Neuen Testament auch als Ursache von Luzifers Fall genutzt.[180] Heilige Engel und Menschen würden sich im Gegensatz dazu bemühen, sich mit den Mitteln, die ihnen zur Verfügung gestellt wurden, uns wiederherzustellen und auf den rechten Weg zu leiten gen die Seligkeit Gottes.[181] "Hat sich Paulus für euch kreuzigen lassen? Oder seid ihr im Namen des Paulus getauft worden? (1Kor 1,13) Jedoch der heilige Engel mahnt den, der ihn anbetet, dass der lieber jenen anbeten solle, unter dem er selbst diesem als Herrn ein Mitsklave ist (Offb 19, 10; 22, 8f) […] Genießt du einen Menschen in Gott, dann eher Gott als Menschen, durch den du Seligkeit erlangen kannst. Genießt du einen Menschen ohne zu sagen "in Gott", dann setzt du deine Hoffnung auf den Menschen und nicht auf Gott."[182] Augustinus sagt, die Bedeutung von „genießen" sei hier eng verwandt mit „in Liebe gebrauchen. Wir würden in Liebe einen Menschen gebrauchen, um zu Gott zu gelangen. Er spricht nur katachrestisch von „genießen". Das Genießen eines Menschen in Liebe bringe Freude mit sich, sei aber eher im Sinne des Gebrauchs zu nehmen, da man an dem Mittel zu Gott zu gelangen nicht hängen bleiben solle.[183] Der „wahrhaftige" Genuss lasse uns verharren und dies solle nur auf die Trinität bezogen passieren, wie zuvor schon einmal festgestellt wurde.[184]

Zeitliche Dinge würden mehr geliebt werden, wenn man sich nach ihnen sehne. Habe man sie erreicht, nehme die Liebe ab. Ewige Dinge würden stattdessen noch mehr geliebt werden, wenn sie erreicht werden würden, denn sie würden jede Vorstellungskraft übersteigen: *„Inter temporalia quippe atque aeterna hoc interest, quod temporale aliquid plus diligitur antequam habeatur, vilescet autem cum advenerit; non enim satiat animam, cui vera est et certa sedes aeternitas. Aeternum autem ardentius diligitur adeptum quam desideratum; nulli enim desideranti, conceditur plus de illo existimare qam se habet, ut ei vilescat cum minus invenerit, sed quantum quisque veniens existimare potuerit, plus perveniens inventurus est."*[185] „Glaube, Liebe und Hoffnung" (*fides, spes, caritas*)[186] seien die wichtigen Triebfedern, die uns leiten sollen. Wer sich auf diese drei verlasse und nach ihnen lebe, bedürfe noch nicht mal der Hl. Schriften, sondern könne in der Einsamkeit zurückgezogen leben und habe doch alles erreicht,

---

[179] Eadem, S.39. Nutzen zum Eigennutz ist ein philosophisches Thema, das in der späteren Zeit vor allem Kant beschäftigt hat. Während Augustinus den Lohn allein in Gottes Zuwendung sieht, hat Kant eher weltlichere Belohnungen wie ein gutes Gewissen, das Lob durch andere usw. im Fokus. Auch die Biologie kennt für dieses Phänomen die Bezeichnung des nicht altruistischen bzw. biologisch egoistischen Verhaltens.

[180] Siehe hierzu u.a. Sir 22,27; Ps 101,5; Epistula ad Timotheum 3,6.

[181] Pollmann, S.39.

[182] Eadem, S.40.

[183] Augustinus nutzt für die Freude (*delectatio*) meist zwei Vokabeln: Zum einen die positiv gemeinte Freude (*caritas*) und zum anderen die negative Freude (*cupiditas*).[183] Wir sollten zeitweilig unsere Welt und Nächsten lieben, da sie die „Fahrzeugschaft" auf dem Weg zu Gott seien und sie um dessentwillen lieben, zu dem wir getragen werden würden.

[184] Pollmann, S.40.

[185] Augustinus, *De doctrina christiana*, Lib. Primus, XXXVIII,42,91.

[186] Idem, ibidem.

was es zu tun gebe.[187] Nur zur Unterweisung anderer werde die Schrift benötigt, da ihre Inhalte diese drei Eigenschaften lehrten.[188]

VI.III.III.XII Lügen

Jemand, der in vollem Bewusstsein über die Auslegung der Bibel lüge, sei ein Lügner und täusche andere damit. Der Getäuschte sei in dem Moment besser als der Lügner, da es besser sei Unrecht zu erleiden als zu verursachen. Augustinus stützt sich damit auf 1.Petr. 3,17, aber das Motiv des Täuschenden und Getäuschten findet sich u.a. auch bei Platon.[189] "Jeder aber, der lügt, tut Unrecht; und wenn irgend jemandem eine Lüge irgendwann nützlich erscheint, dem kann auch irgendwann die Ungerechtigkeit einmal nützlich erscheinen [...] Die Lüge ist immer unbrauchbar."[190] Platon hat den Nutzen der Lüge für pädagogische Zwecke erwogen, ebenso Quintilian.[191] Hier ist aber eine vollkommene Ablehnung der Lüge gefordert, denn niemand, der lüge, verdiene in seinem Lügen Glauben. In seinem Traktat „de mendacio" beschäftigt sich Augustinus ausführlich mit der Lüge (mendacium).[192]

Wer etwas anderes in der Bibel auslege, als der Autor meinte, lüge nicht, sondern werde getäuscht (auch wenn die Bibel nicht lüge!).[193] Wer allerdings ob einer falschen Auffassung widerlegt werde und trotzdem mehr an seine Meinung glaube und die Bibel dafür kritischer beäuge, werde mit der Zeit zerstört: "Wir wandern nämlich im Glauben, nicht im Besitz der realen Erscheinung. Es wird aber der Glaube nicht auf festen Füßen stehen, wenn die Autorität der göttlichen Schriften wankt. Ferner erlahmt auch die Liebe selbst, wenn der Glaube schwankt."[194] Christlicher Glaube ohne Liebe sei also möglich, aber nicht die Liebe zu Christus ohne den Glauben.[195] Augustinus betont den eschatologischen Vorbehalt, unter dem alles menschliche Wissen stehe (auch christliches Verständnis der Hl. Schrift). Wenn der Glaube der Lüge entbehre, dann würden wir nicht lieben, was wir nicht lieben dürfen.

VI.III.IV Buch 2 - Unbekannte Zeichen

„Während ich, als ich über die Dinge schrieb, ermahnend vorausgeschickt habe, daß man sich bei ihnen nur darauf konzentrieren soll, daß es sie gibt, und nicht darauf, inwieweit sie auch irgend etwas anderes außer sich selbst bezeichnen, sage ich nun dagegen, da ich die Zeichen erörtere, folgendes, daß man sich nicht auf ihre Existenz konzentrieren soll, sondern eher darauf, was sie als Zeichen sind, d.h., worauf sie hindeuten."[196] Augustinus führt seine Einleitung zu Buch Zwei ähnlich wie in seinem Werk „de dialectica"[197]: „Ein Zeichen ist etwas, was sowohl sich selbst, der Sinneswahrnehmung darbietet, als auch etwas anderes außer sich selbst dem Verstand präsentiert." Durchgängig betont er in seinem Traktat die sinnlich-

---

[187] Pollmann, S.44.

[188] Hier bezieht sich Augustinus auf die Lebensweise der Anachoreten und Koinobiten, welche beide in der Einsamkeit lebten. Vor allem die Anachoreten entbehrten des Schrifttums.

[189] Siehe hierzu Platon, *Gorgias*, 473 A; 474 B.

[190] Pollmann, S.42.

[191] Siehe hierzu Platon, *res publica*, 2,382 CD und 5,459 sowie Quintilian, *institutio oratoria*, 12,1,38.

[192] Inspiriert wurde seine konsequente Ablehnung möglicherweise durch die zu seiner Zeit in Spanien aktiven Priszillianisten. Dabei handelte es sich um eine Sekte, die das Lügen zum Eigennutz propagierte. Dieser Eigennutz war vor allem bezogen auf die Konvertierung in einen anderen Glauben im Falle einer Gefahrensituation. Siehe hierzu A. Städele, *Die Lüge – Gegen die Lüge – Gegen die Priszillianisten*, München 2013.

[193] Pollmann, S.42.

[194] Pollmann, S.43.

[195] Siehe hierzu auch Augustinus, *sermones*, 90,8.

[196] Pollmann, S.46.

[197] Siehe hierzu Augustinus, *de dialectica*, 5.

kognitive Doppelrelevanz des Zeichens, das eine materiell-sinnliche Dimension habe sowie Denkprozesse auslöse, die über die materielle Ebene hinausgingen.

VI.III.IV.I Definition der Zeichen

„Ein Zeichen ist nämlich ein Ding, das bewirkt, daß außer seiner äußeren Erscheinung, die es den Sinnen einprägt, irgend etwas anderes aus ihm selbst im Nachdenken ausgelöst wird."[198] Ergo gehe uns bei Zeichen nicht nur deren Aussehen in den Verstand, sondern wir würden auch mit jedem Zeichen etwas assoziieren. Augustinus gibt hier das Beispiel einer Fährte (*vestigium*)[199], wobei wir sogleich an ein vorbeiziehendes Tier denken würden. So gebe es auch Rauch als Zeichen für Feuer[200] und die Tuba als Zeichen für Soldaten. In den „confessiones" schreibt er von sich als Säugling, der nur einfache, ungenaue Zeichen wie Schreien oder Weinen beherrscht habe, um anderen einen inneren Wunsch mitzuteilen.[201]

VI.III.IV.II Definition der natürlichen Zeichen

Es gebe natürliche Zeichen (*signa naturalia*) und konventionell festgelegte Zeichen (*signa data*). Natürliche Zeichen bewirkten ohne Willen oder Streben nach Bezeichnung, dass aus ihnen noch etwas anderes erkannt werde. Man erkenne sie durch sinnliche Wahrnehmung und die Speicherung von Erfahrungen.[202] Zu den natürlichen Zeichen gehörten zum Beispiel Rauch und Feuer, Fährte und Tier, Miene des Menschen und dessen Gemütszustand: „…so werden auch andere Gemütsbewegungen durch das Mienenspiel angezeigt und preisgegeben, selbst wenn wir ihre Preisgabe nicht willentlich anstreben."[203] Gemeint ist, dass die natürlichen Zeichen nicht intentional vom Menschen geschaffen worden seien, sondern in einem natürlichen Zusammenhang zu den Dingen stünden, die sie bezeichneten. Zu diskutierender Grenzfall sei das Mienenspiel eines Schauspielers, der den Eindruck einer bestimmten Emotion erwecken wolle ohne dieses Gefühl selbst zu haben.

VI.III.IV.III Definition der konventionellen Zeichen

„Konventionelle Zeichen sind aber diejenigen, welche sich alle Lebewesen gegenseitig geben, um nach besten Kräften die Bewegungen ihres Geistes oder irgendwelche Wahrnehmungen oder Gedanken anzuzeigen. Es gibt für uns nur einen Grund zu bezeichnen, d.h. Zeichen zu geben, nämlich um das hervorzuholen und in den Geist eines anderen Menschen hinüberzuleiten, was der im Sinn führt, der das Zeichen gibt."[204] Der Akzent der konventionellen Zeichen liegt für Augustinus auf der sozial-intentionalen Dimension, was nur innerhalb einer Gruppe Gültigkeit hat. Ganz einfach gesagt macht er die konventionellen Zeichen zu einem Kommunikationsmittel.[205]

Er will sich mit den konventionellen Zeichen beschäftigen („…wir haben beschlossen die konventionellen Zeichen zu behandeln…")[206], die diese in der Bibel durch die Menschen, die sie aufgeschrieben hätten, angezeigt worden seien. Augustinus deutet die Verbalinspiration der Hl. Schrift an, die durch den Hl. Geist eingegeben und von Menschen verschriftlicht wurde. Er nimmt der Bibel die gänzliche Sonderstellung, indem er den Menschen mit einbezieht. Die

---

[198] Pollmann, S.46.
[199] Auch im Prolog zu finden, wo er das Spezifikum des Zeichens meinte, hier aber als Beispiel für ein Zeichen. *Prologus* 9,18.
[200] Sextus Empiricus verwendet dieses Exempel auch in seinen „*Pyrrhoniae institutiones*", II,97-102.
[201] Pollmann, S.39.
[202] Pollmann, S.47.
[203] Eadem, ibidem. Auch bei Sextus Empiricus, *Pyrrhoniae institutiones*, 2,101.
[204] Eadem, ibidem.
[205] Mehr dazu siehe Augustinus, *de trinitate*, 9,7,12.
[206] Nutzung des erhabenen Plurals an dieser Stelle.

Bibel hat für ihn eine umfassende und heilsbringende Relevanz für alle Menschen, die sie von profanen Texten unterscheide. Da sie aber in Menschenworten abgefasst worden sei, versucht er sie mit hermeneutischen Methoden wie profane Literatur zu verstehen.

VI.III.IV.IV Die Wahrnehmung der konventionellen Zeichen

Viele Zeichen würden vom Sehsinn wahrgenommen werden, die meisten aber vom Gehörsinn.[207]Als Beispiel für den Sehsinn nimmt er ein Nicken, was der andere als Einverständnis sehe oder die Darbietungen im Theater –hier vor allem mit Blick auf das pantomimische Spiel ohne Worte.[208] „Wie ich bereits gesagt habe, beziehen sich Zeichen aber meistenteils auf den Gehörsinn; am meisten geschieht dies durch Worte [...] Die Worte haben nämlich unter den Menschen geradezu die Vorherrschaft beim Bezeichnen, wenn jemand kenntlich machen will, welche Gedanken sich gerade in seinem Geist bilden."[209] Augustinus erwähnt noch weitere Zeichen und deren zugehörige Sinne zur Wahrnehmung wie das Salböl für den Geruchssinn, aber er wiederholt noch einmal, dass der Großteil der menschlichen Gedanken durch Worte offenbart werden würde: „Denn alle jene Zeichen, deren Gattungen ich kurz berührt habe, konnte ich mit Worten verkünden, die Worte aber könnte ich auf keine Weise mit jenen Zeichen verkünden."[210]

VI.III.IV.V Eigentliche und übertragene Zeichen

Wenn in der Lektüre etwas nicht verstanden werde, dann liege das entweder an unbekannten oder doppeldeutigen Zeichen (*ambigua signa*). In seiner gesamten Systematik propagiert Augustinus, dass Dunkelheit und Doppeldeutigkeit die beiden einzigen Verständnisschwierigkeiten der Lektüre darstellen.

Eigentliche Zeichen (*signa propria*) seien diejenigen, die zur Bezeichnung einer Sache herangezogen werden würden, für die sie eingerichtet worden seien. Sein Beispiel ist „*bos*" für das Rind. Alle Lateinsprachigen würden hierbei wissen, worum es gehe. Um übertragene (*signa translata*) Zeichen handele es sich dagegen dann, wenn die Dinge selbst, die man mit den entsprechenden Worten bezeichne, weiter genutzt werden würden, um noch etwas anderes zu bezeichnen.

VI.III.IV.VI Handhabung bei Unverständnis der eigentlichen Zeichen

Die eigentlichen, unbekannten Zeichen könnten am ehesten durch Sprachkenntnisse geklärt werden. Dabei sei es vor allem notwendig Latein, Altgriechisch und Althebräisch zu beherrschen. Dennoch gebe es im Hebräischen Worte, die nicht übersetzbar seien, wie er einräumt: „Es gibt nämlich gewisse Wörter in bestimmten Sprachen, die nicht durch Übersetzung in den Gebrauch einer anderen Sprache überführt werden können." Exemplarisch nennt er hier die Ausrufeworte.[211]

Des Weiteren geht Augustinus auf den Solözismus und den Barbarismus ein. Dabei zeigt er sich liberal-progressiv, was die Weiterentwicklung und Veränderung von Sprache anbelangt. Für ihn sind Klarheit und Verständlichkeit des Ausdrucks am wichtigsten –auch unter der

---

[207] Pollmann, S.48.
[208] Siehe auch Augustinus, *de magistro*, 3,5.
[209] Pollmann, S.48.
[210] Pollmann, S.48. Da Worte (*verba*) die Luft in Schwingungen versetzen, danach übertragen und schließlich ihr Klang vergangen sei, seien Buchstaben als Zeichen für die Augen erfunden worden. Auch in seiner Frühschrift „de dialectica" definiert er die Buchstaben als Konservateure der gesprochenen Worte. Siehe hierzu Augustinus, *de dialectica*, 5. Platon hat das Thema der Mündlichkeit und Schriftlichkeit in vielen seiner Werke reflektiert, u.a. im „Phaidros" und im „Theaitet".
[211] Pollmann, S.57.

Preisgabe grammatischer Korrektheit. Diesen Punkt wird auch noch etwas später im Traktat wieder aufgreifen.[212]

VI.III.IV.VII Umgang mit unbekannten Zeichen

Es gebe zwei Formen unbekannter Zeichen (*incognita signa*): Unbekannte Worte und unbekannte Redewendungen („*Namque aut ignotum verbum facit haerere lectorem aut ignota locutio*).[213] Die Frage sei, wie bei Unverständnis dieser Zeichen vorzugehen sei. Bei Worten oder Wendungen aus fremden Sprachen müsse man sie von einem Sprachkundigen erfragen oder bei genügend Muße selber die Sprache erlernen. Es sei aber auch möglich, mehrere Übersetzer heranzuziehen. Bei unbekannten Worten und Wendungen der eigenen Sprache müsse man sich selbst durch „die Gewohnheit des Lesens und Hörens" trainieren.[214]

VI.III.IV.VIII Handhabung bei Unverständnis der übertragenen Zeichen

Wenn einem übertragene Zeichen unterkämen, die ihm unbekannt seien und er dadurch die Stelle nicht verstehen könne, müsse man nicht nur die Sprachen kennen bzw. beherrschen (*linguarum notitia*) wie bei den eigentlichen Zeichen, sondern man brauche auch die Kenntnis der Dinge (*rerum notitia*).[215] Zunächst stellt Augustinus dem Leser über mehrere Seiten hinweg Beispiele übertragener Zeichen vor und erklärt, welche Kenntnis (*scientia*) über sie nötig sei, um die entsprechende Bibelstelle richtig zu deuten.[216] Partiell streut er auch Kritiken gegenüber heidnischen Schriftstellern ein, die für ihn Unkenntnis bewiesen hätten.

VI.III.IV.IX Die zwei Arten von Wissenschaften

Angekündigt wird, dass es zwei Arten von Wissenschaften (*duo genera doctrinarum*), auch in der heidnischen Tradition, gebe: Die eine behandle die Dinge, die die Menschen eingerichtet hätten und die andere die Dinge, die die Menschen als bereits vollendet oder von Gott eingerichtet erkennen würden: „...*unum earum rerum quas instituerunt homines, alterum earum quas animadverterunt iam peractas aut divinitus institutas.*"[217]

Manche der menschlichen Einrichtungen seien „abergläubisch" (*superstitiosus*) und manche nicht. Über eine Vielzahl von Seiten hinweg lässt sich Augustinus über die von Menschen eingerichteten Dinge aus, die für ihn fast alle abergläubisch sind.[218] Hier seien zum Beispiel abergläubische Praktiken zu nennen, wie zum Bett zurückzukehren, wenn einer genießt habe oder Amulette, magische Tänze, Zaubergesänge, die „..Hohlheit, (der) Bücher der Eingeweidebeschauer und Vogelflugdeuter", dann alltägliche Aberglauben („inhaltsloseste Beobachtungen") wie mit der rechten Hand den linken Daumen zu halten bei Schluckauf und die Horoskoperstellung durch Astrologen, welche den „unerfahrenen Menschen elende Knechtschaft verkaufen" würden. Vor allem die Astrologie zur Deutung der Zukunft oder des Charakters einer Person zu nutzen empfindet Augustinus als besonders schändlich, sodass er diesen Wissenschaftszweig öfter im Werk aufgreift. Für ihn ist es dasselbe Prinzip vom

---

[212] Zu bemerken ist vor diesem Hintergrund, dass er in „„De ordine"" die Grammatik eine *„paene divina vis"* nennt, wobei ihr in diesem Werk eine eher untergeordnetere Rolle zugewiesen wird. Siehe hierzu „„De ordine"", 2,45.
[213] Lib. Secundus, XIV21,50.
[214] Pollmann, S.63.
[215] Pollmann, S.66.
[216] Seine Exempla berufen sich auf Joh. 9,6f., Eph 4,15; Eph 4,22-24; Mt 7,13 und Weitere.
[217] Augustinus, *De doctrina christiana*, Lib. Secundus XIX 29,73.
[218] Die abergläubischen Institutionen erhalten von ihm die Benennung *„imaginaria signa"*, zu verstehen als eingebildete Zeichen. Siehe hierzu Lib. Secundus, XXIII, 90.

Verkauf von Lügen oder irrigen Annahmen um des Profites willen wie die Sophistik (Rhetorik), die naive Menschen zu lenken versuche.[219]

„Denn jeder Freie gibt, wenn er bei einem solchen Astrologen eingetreten ist, Geld, damit er von dort entweder als ein Sklave von Mars oder Venus bzw. von allen Gestirnen zusammen herauskommt."[220] Die Unterscheidung vom Freien (*liber*) und vom Sklaven (*servus*) zeigt, wie viel individuelle Handlungsfreiheit Augustinus für den Menschen sieht. Auch in den *„confessiones"* führt er eine ähnliche Kritik an der Astrologie: „Schon erwachte in mir die Lust, die Wahnwitzigen anzugreifen, zu widerlegen und lächerlich zu machen, die Astrologie für Geld treiben."[221]

Die Anbetung von Götzenbildern, Gegenständen und die Opferung an jene sei ein noch zu nennender Punkt, von dem aus Augustinus seinen roten Faden weiterspinnt. Eine solche Ehre gehe nämlich nicht an Gott, sondern die Dämonen (*daemoni*).[222] Das Endergebnis, wenn man sich auf solche falschen Lehren einlasse, sei ein Bund mit den Dämonen (*pacta [...] daemoniis*). Dies sei wiederum eine Hurerei der Seele (*genus fornicationis animae*).[223]

VI.III.IV.X Welche Menschen lassen sich auf falsche Lehren ein

„Jene Geister nämlich, die täuschen wollen, beeinflussen jeden Menschen nur so weit, wie er durch seine ängstlichen Vermutungen und seine mentale Bereitschaft dazu disponiert ist."[224] Im Anschluss an Aristoteles und weitere Philosophen[225] betont Augustinus, dass nicht eine natürliche Anlage (*ingenium*), sondern die bewusste Zustimmung (*consensio*) den Menschen beeinflussbar mache. Den gleichen Standpunkt vertritt er auch in seinen *„confessiones"*.[226] Was genau würden die eingebildeten Zeichen tun – das fragt sich Augustinus. Sie würden die Herzen der Elenden durch egoistisches Verlangen nach zeitlichen Dingen (*per privatas appetitines rerum temporalium*)[227] ablenken. Um die Absurdität der Gemeinschaft mit den Dämonen (*societas daemonum*) zu zeigen, nutzt Augustinus hier im Lateinischen ein Oxymoron: *„infidelis amicitia"*. Diese Freundschaft, die damit auch ein Pakt mit dem Teufel sei, versperre und blockiere die Rückkehr zu Gott. Wie und ob wieder eine Loslösung aus diesem Pakt möglich sei, gibt Augustinus nicht mehr vor. Unter Berücksichtigung seiner eigenen Vita ist allerdings klar, dass eine Abkehr für ihn durchaus möglich ist, da er selbst gefangen durch die „Teufelsschlingen der Donatisten" den Wandel zu einem gottesfürchtigen Dasein durchzuführen vermochte.[228]

VI.III.IV.XI Die von Menschen errichteten Zeichen als Buchstaben und Worte

Augustinus teilt die Menschen in bestimmte Gruppierungen ein, die alle für sich eigene „Übereinkünfte" (*societates*)[229] in Bezug auf die Worte und Buchstaben hätten. Ein Beispiel sei das „x". Für die Griechen sei es das Chi mit dem Zahlenwert Sechshundert. Für die Lateiner sei es aber das x mit dem Wert Zehn. Diese Übereinkünfte seien durch die Zustimmung von

---

[219] Pollmann S.74. Seine Ansicht zu den Sophisten soll etwas später in dieser Arbeit wieder aufgegriffen werden, lässt sich aber schon anhand der Ausführungen dieses Abschnittes parallel erahnen.

[220] Pollmann, S.74.
[221] Flasch, S.178.
[222] Augustinus, *De doctrina christiana*, Lib. Secundus , XXIII, 36,89.
[223] Idem, ibidem, Lib. Secundus, XXIII, 88.
[224] Pollmann, S.78.
[225] Andere Philosophen, die sich mit der Beeinflussung des Menschen beschäftigt haben, waren u.a. Simplikios, Themistios und Plutarch.
[226] Siehe auch Augustinus, *confessiones*, 3,7,13.
[227] Augustinus, *De doctrina christiana*, Lib. Secundus, XXIII, 90.
[228] Flasch, S.78.
[229] Augustinus, *De doctrina christiana*, Lib. Secundus, XXIV, 94.

Menschen in Aussehen und Bedeutung entstanden und hätten eine unterschiedliche Schwere: „Ebenso vermögen auch jene Zeichen, mit denen man sich die verderbliche Gemeinschaft mit den Dämonen verschafft, so viel, wie ihnen durch die Zustimmung eines jeden einzelnen zugestanden wird.“[230]

Augustinus geht wieder zurück zum Beispiel des Auguren, welchen er gebiets der eingebildeten Zeichen und deren Erscheinungsformen genannt hat. Er meint, die Auguren sorgten dafür, dass niemand anders den Vogelflug sehen oder hören könne, „weil ja jenes keine Zeichen sind, wenn nicht die Zustimmung des Beobachtenden hinzukommt.“[231]

VI.III.IV.XII Die vom Menschen ohne den Aberglauben eingerichteten Dinge

„Denn alles, was deswegen unter den Menschen Einfluß hat, weil sie festgesetzt haben, daß es eine Bedeutung hat, ist von Menschen eingerichtet. Darunter sind manche Einrichtungen überflüssig und luxuriös, manche vorteilhaft und notwendig.“

Zuerst wendet sich Augustinus den notwendigen Dingen (*necessaria*)[232] zu. Darunter seien nämlich jene zu nehmen, „welche zum Nutzen des Lebens Notwendigkeit leisten“ würden.[233] Gemeint seien Dinge zur Ausstattung und Ausstaffierung des Körpers, Dinge zur Unterscheidung des Geschlechtes oder gesellschaftlichen Ranges sowie Gewichts- und Maßeinheiten und die Prägung und der Wert von Münzen.

„… das aber, was Menschen zusammen mit Menschen eingerichtet haben, muß angenommen werden, soweit es nicht luxuriös und überflüssig ist, wie besonders die Formen der Buchstaben, ohne die wir nicht lesen können, und bis zu einem gewissen Grad die Vielfalt der Sprachen…“[234]

VI.III.IV.XIII Die Dinge, die die Menschen als bereits vollendet oder von Gott eingerichtet erkennen

„Nun dürfen aber jene Dinge, welche die Menschen nicht durch Einrichtung, sondern durch die Untersuchung dessen, was durch die Zeiten überliefert oder von göttlicher Seite eingerichtet worden ist, hervorbrachten, wo auch immer sie gelernt werden, nicht für Einrichtungen der Menschen gehalten werden.“ Manche bezögen sich auf die Sinne und manche auf die geistige Vernunft. Hinsichtlich der Sinne würden wir glauben (*credimus*), da sie erzählt werden würden oder erfassen (*sentimus*), weil sie gezeigt werden würden oder wir würden erschließen (*conicimus*), weil wir sie erfahren hätten.[235]

VI.III.IV.XIV Geschichtsschreibung vs. Naturwissenschaft und der Nutzen der Naturwissenschaft für die Arbeit an der Hl. Schrift:

Augustinus grenzt die Naturwissenschaft von der Geschichtsschreibung ab. Naturwissenschaft beschreibe (*narrare*)[236] gegenwärtige Phänomene und nicht Vergangene wie z.B. die Beschaffenheit von Körpern und Orten usw., was, wie Augustinus schon zuvor erklärt hat bei den übertragenen Zeichen, zum Verständnis eben jener beitrage („Lösung von Rätseln“).[237] Sie sei kein „Werkzeug des Aberglaubens“, wozu er auch ein Bespiel anführt. Es sei gewiss ein Unterschied, ob man ein Kraut für den Bauch schlucken oder es sich um der

---

[230] Pollmann, S.79.
[231] Eadem, S.79.
[232] Augustinus, *De doctrina christiana*, Lib. Secundus, XXV,39,100.
[233] Pollmann, S.81.
[234] Eadem, S.82.
[235] Augustinus, *De doctrina christiana*, Lib. Secundus XXVII, 41,104.
[236] Idem, ibidem, Lib. Secundus, XXIX 45,110.
[237] Pollmann, S.84.

Heilung des Bauches willen um den Hals hängen würde. Das eine sei reale, angewandte Heilung und das andere eine abergläubische Handlung. Die Entzauberung der Welt wird an dieser Stelle deutlich, wie sie teils konsequent von frühchristlichen Kirchenschriftstellern vertreten wurde –in Nachfolge zu einigen paganen Philosophen.[238] Augustinus begeht hier eine recht aufklärerische Forderung nach Erkenntnis und Nutzung rationaler Kausalzusammenhänge, die nicht auf irrationale magische Kräfte bauen.

VI.III.IV.XV Die vernünftigen Künste: Dialektik und Mathematik:

„Es bleiben nun diejenigen Künste übrig, die sich nicht auf die körperlichen Sinne, sondern auf die Vernunft des Geistes erstrecken, wo die Wissenschaft der Disputation und die Mathematik die Vorrangstellung innehaben.“[239] Die Dialektik sei die Disziplin der Erörterung und sie „vermag am meisten bei der Durchdringung und Lösung von allen Arten von Fragen, die in der Hl. Schrift auftauchen.“ Possidius stellt Augustinus in der Vita als Meister der Disputierkunst dar, durch die er großen Einfluss und Überzeugungskraft gegenüber anderen gehabt haben soll – sei es in Bezug auf Rechtfertigung und Verteidigung gegenüber Zweiflern, vor Gericht oder anderen Staatsorganen.[240] Für Augustinus ist hierbei allerdings wichtig, dass man sich vor der Streitlust (*libido rixandi*) und einem kindischen Auftreten (*puerilis […] ostentatio*) hüte, die den Gegner täuschen (*decipiendi adversarium*) wolle.[241]

Es gebe nämlich viele sogenannte Trugschlüsse (Sophismata), d.h. falsche Schlussfolgerungen aus Überlegungen, die oft wahre so nachahmten (*imitatio*), dass sie nicht nur geistig träge (*tardos*), sondern auch kluge Leute (*ingeniosos*) täuschen könnten, wenn diese weniger sorgfältig aufpassten. Augustinus' Definition eines Trugschlusses ist traditionell und findet sich u.a. auch bei Aulus Gellius und Eubulides von Milet.[242] Dazu nutzt er noch ein bekanntes Beispiel für die Illustration eines hinterlistigen Trugschlusses: Einer stelle dem anderen eine Prämisse auf: „Was ich bin, bist du nicht.“ Der andere stimme dem zu, weil es zum Teil wahr sei. Der Eine sage weiterhin: „Ich bin ein Mensch.“ Der andere würde wieder zustimmen. Das brächte den Einen zu seinem Trugschluss: „Dann bist du kein Mensch.“[243]

„Diese Art von betrügerischen Schlüssen verabscheut die Hl. Schrift, glaube ich, an jener Stelle, wo gesagt wird: Wer wie ein Sophist redet, ist hassenswert[244] […] Indessen wird diejenige Redeweise sophistisch genannt, die nicht betrügerisch ist, aber dennoch in reichlicherem Maße dem Wortschmuck nachjagt, als es einer seriösen Gewichtigkeit zusteht.“[245]

---

[238] Siehe Max Weber, *Religiöse Gemeinschaften*, Tübingen 2001, S.211.
[239] Pollmann, S.87.
[240] Possidius, *Vita Augustini*, 9,2.
[241] Augustinus, *De doctrina christiana*, Lib. Secundus, XXXI,48,117. Dieser Einwand ist bereits von Platon bekannt, der gegen die Sophisten zu Worte ging. Siehe u.a. Platon, *Protagoras*, 313c-314a.
[242] Siehe hierzu Aulus Gellius, *Die attischen Nächte des Aulus Gellius*, XVIII,13. Für Eubulides sind die Sophismen des Gehörnten und Verhüllten sehr bekannt.
[243] Raimundus Lullus, *ars magna*.
[244] Siehe hierzu Sir 37,23.

[245] Vertreter der als asianisch bezeichneten Gruppe der Sophisten war u.a. Gorgias von Leontinoi. Er wird gerne als Exempel für die mit reichem Wortschmuck agierenden Redner genommen. Gegenrichtung des asianischen Stils war der attische Stil, welcher vor allem mit Schlichtheit zu glänzen versuchte. Quintilian spricht in seiner „*institutio oratoria*, Lib. XII,10,18-19" von dem mittleren, gemischten Stil, der aus den beiden anderen entstanden sei: Er nennt ihn den rhodischen Stil, dessen Begründer Aischines gewesen sei. Eben jener solle als attische Pflanze ins Exil nach Rhodos gekommen und sich dort mit dem fremden Boden vermischt und neue Wurzeln geschlagen haben: „*Tertium mox, qui haec dividebant, adiecerunt genus Rhodium, quod velut medium esse atque ex utroque mixtum volunt: neque enim Attice pressi neque Asiane sunt abundantes, ut aliquid habere videantur gentis, aliquid auctoris.*

„Es gibt aber auch wahre Verknüpfungen in einer Schlußfolgerung, welche aus falschen Aussagen besteht, um einen Irrtum des Diskussionspartners anzugreifen.“[246] Augustinus unterscheidet zwischen formaler Korrektheit von logischen Schlussfolgerungen und der Wahrheit von Aussagen, die zwei voneinander unabhängige Sachverhalte sein können. Eine Schlussfolgerung könne also auch wahre Verknüpfungen im Sinne der rechten Anwendungsweise beinhalten, auch wenn sie auf falschen Aussagen basiere. Die Verknüpfungen (*conexiones*)[247], von denen Augustinus hier spricht, gehören zu einem Typenkatalog logischer Schlüsse, der zentral für die von Aristoteles entworfene Logik ist und der traditionell bis ins 19. Jahrhundert genutzt wurde.[248] Der Aufbau der Syllogismen besteht aus Prämisse(n) und Schlussfolgerung. Es geht darum, zu untersuchen, unter welchen Annahmen Syllogismen Gültigkeit haben.

„Da es nun wahre logische Verknüpfungen nicht allein von wahren, sondern auch von falschen Ansichten gibt, ist es leicht, die Wahrheit der Wissenschaft von den logischen Schlüssen auch in jenen Schulen zu lernen, welche sich außerhalb der Kirche befinden.“[249] Man könne logische Schlüsse aus falschen und richtigen Aussagen ziehen. Lernbar sei dies in Rhetorenschulen. Wenn es aber um die „Richtigkeit der Aussagen“ gehe, müsse diese jedoch in der Hl. Schrift aufgespürt werden. Augustinus gibt der Bibel eine inhaltliche Sonderstellung als das Medium, welches die richtigen Aussagen enthalte. Und wieder ist zu merken, wie unkritisch er den Textcorpus der Bibel betrachtet und für sich in Gänze annimmt. „Dennoch ist gerade die Richtigkeit der logischen Schlüsse nicht von Menschen eingerichtet, sondern vielmehr von uns wahrgenommen und aufgezeichnet worden, damit man diese entweder lernen oder lehren kann.“ Die Logik sei in der Vernunft der Dinge beständig und gottgewollt: *„Nam est in rerum ratione perpetua et divinitus instituta.“*[250]

Die Logik sei eine Sache der Vernunft. Sie sei von Gott aufgestellt und vom Menschen erkannt worden, d.h. der Mensch ist in der Lage die Vernunft zu erkennen. Augustinus gibt für seine These ein Beispiel: Man könne alles Mögliche beschreiben wie Sterne, Tiere usw., aber aufgestellt habe man sie selbst nicht. So sei auch die Logik nicht vom Menschen eingerichtet worden: „Wenn falsch ist, was folgt, ist notwendigerweise auch falsch, was vorausgeht.“[251] Diese wahre Erkenntnis bewirke nicht, dass es so sei, sondern zeige nur, dass es so sei. Es gehe um die Methode in Bezug auf die Richtigkeit der logischen Schlüsse, nicht auf die Richtigkeit der Aussagen. Erneut gibt Augustinus dem Leser ein Beispiel: Es gehe um den Apostel Paulus gegen die, die die Auferstehung von den Toten anzweifeln würden. Paulus stelle die Prämisse, dass es keine Auferstehung gebe. Dem würden die anderen zustimmen. Dann sage Paulus aber, dass auch Christus nicht auferstanden sei. Da dies aber passiert sei, müsse vor der falschen Christusaussage auch die Prämisse falsch sein. Dieses Exempel bezieht sich auf das im vorigen Absatz angeführte Zitat, wird aber dem Gusto Augustinus' entsprechend mit biblischen Passagen untermauert. „Diesen Sachverhalt, daß bei der

---

Aeschines enim, qui hunc exilio delegerat locum, intulit eo studia, Athenarum, quae, velut sata quaedam caelo terraque degenerant, saporem illum Atticum peregrino miscuerunt. Lenti ergo quidam ac remissi, non sine pondere tamen, neque fontibus puris neque torrentibus turbidis, sed lenibus stagnis similes habentur.“
[246] Pollmann, S.88.
[247] Augustinus, *De doctrina christiana*, Siehe hierzu Lib. Secundus, XXXI,49,119.
[248] Siehe hierzu Bruno von Freytag-Löringhoff: *Über das System der modi des Syllogismus.* In: *Zeitschrift für philosophische Forschung.* Bd. 4, Nr. 2/1949, S. 235.
[249] Pollmann, S.88. Gemeint sind die weltlichen Schulen der Rhetorik.

[250] Augustinus, *De doctrina christiana*, Lib. Secundus, XXXII,50,121.
[251] Pollmann, S.89.

Aufhebung der Schlußfolgerung notwendigerweise auch aufgehoben wird, was ihr vorangeht, haben die Menschen nicht eingerichtet, sondern nur bekannt gemacht."[252]

Die Methode der Verknüpfung sei allerdings korrekt ausgeführt gewesen, so Augustinus, was ihn dazu führt, zu schreiben, dass die Regeln der logischen Verknüpfungen zu kennen seien. Quintilian nutzt in seiner *„institutio oratoria"* drei Argumentationsprinzipien: Das Schlussverfahren (*colligere*), die Widersprüche untereinander (*inter se concurrere*) und die verschiedenen Auslegungen (*ambiguitas*).[253] Trotzdem müsse man auch „die Wahrheit der Aussagen" kennen, so Augustinus.[254] Für die Wahrheit der Aussagen (*veritas sententiae*)[255] seien diese aus sich selbst heraus zu betrachten, nicht ihre logische Verknüpfung. Man könnte auch, indem man wahre Verknüpfungen nutze, falsche und wahre Aussagen so vermischen, dass sie logisch erscheinen würden und dass scheinbar logische Schlüsse entstünden, die aber falsch seien. Das wiederum sei eine Täuschung. „Manche brüsten sich aber so, als ob, wenn sie die richtige Anwendung der logischen Verknüpfungen gelernt haben, dies mit der Wahrheit der Meinungen selbst gleichbedeutend sei."[256] Für Augustinus zählt letztlich vor allem die wahre Aussage der Bibel zu kennen statt gut mit Syllogismen umgehen zu können.

Schlussendlich helfe die Dialektik mehr bei der Auflösung und Erklärung von Doppeldeutigen und nicht so sehr beim Verständnis unbekannter Zeichen. Augustinus zählt auf, dass es schon sehr viele Christen gegeben habe und gebe, die alle bisher unübersetzten Zeichen des Hebräischen, Ägyptischen oder Syrischen aufgelistet und kategorisiert hätten und welche, die Chronologien aufgrund von biblischen Zahlenangaben verfasst hätten.

VI.III.IV.XVI Umgang mit außerkirchlichen Wissenschaften

Augustinus sagt, dass „eifrige" und „begabte" Menschen nicht wagen sollten den Wissenschaften, die außerhalb der christlichen Kirche gelehrt werden, allzu sehr zu folgen, um ein seliges Leben zu erlangen, sondern sie sollten „diese nüchtern und sorgfältig unterscheiden." Und falls sie auf Wissenschaften stießen, die von Menschen eingerichtet worden seien und die vielerlei Formen und Irreleitungen zur Dämonie enthalten könnten, sollten sie „solche in ihrem Innern zurückweisen und verabscheuen."[257] „Sie sollen ihr Studium auch von überflüssigen und schwelgerischen Einrichtungen der Menschen fernhalten. Diejenigen Einrichtungen der Menschen aber, welche für die Gemeinschaft der Zusammenlebenden Geltung haben, sollen sie aufgrund ihrer Notwendigkeit für dieses Leben nicht vernachlässigen.[258] Man solle zum Beispiel Kleidung annehmen und nutzen, auch wenn sie vom Menschen eingerichtet wurde, da sie zum Leben notwendig sei.

Die Quintessenz aus der Beschäftigung mit den übrigen Wissenschaften, die bei den Heiden zu finden seien, sei, dass es keine nützlichen gebe. Ausnahme sei hierbei die Geschichtsschreibung, die Dialektik und die Mathematik. Bei all diesen solle gelten: „Nichts im Übermaß."[259]

---

[252] Eadem, ibidem.
[253] Siehe hierzu Quintlian, *institutio oratoria*, 12, 2, 15-23.
[254] Pollmann, S.91.
[255] Augustinus, *De doctrina christiana*, Lib. Secundus, XXXIII,51,124.
[256] Pollmann, S.91.
[257] Pollmann, S.95.
[258] Dies wurde bereits in Lib. Secundus, 25,39,100-140 gesagt.
[259] Pollmann S.95-96. Augustinus hat hier wohl von Terenz das folgende Zitat übernommen: *„Non iniuria; nam id arbitror adprime in vita esse utile, ut nequid nimis."* Siehe hierzu Terenz, *Andria*, 61.

„Wenn aber diejenigen, die Philosophen genannt werden, zufällig etwas Wahres und zu unserem Glauben Passendes gesagt haben, wie besonders die Platoniker, [dann] muß [dies] sogar von diesen wie von ungerechten Besitzern für unseren Gebrauch eingefordert werden." Dazu bringt er das allegorische Beispiel der Israeliten zur Zeit des Exodus (2.M 3,21-22), die zwar die schlechten Dinge der MiZRi (Ägypter) flohen, jedoch auch einige Dinge von ihnen mitnahmen „für einen besseren Nutzen". Dies sei alles im Auftrag Gottes geschehen:

וְנָתַתִּי אֶת־חֵן הָעָם־הַזֶּה בְּעֵינֵי מִצְרָיִם וְהָיָה כִּי תֵלֵכוּן לֹא תֵלְכוּ רֵיקָם

וְשָׁאֲלָה אִשָּׁה מִשְּׁכֶנְתָּהּ וּמִגָּרַת בֵּיתָהּ כְּלֵי־כֶסֶף וּכְלֵי זָהָב וּשְׂמָלֹת וְשַׂמְתֶּם **2M3.22** WLC עַל־בְּנֵיכֶם וְעַל־בְּנֹתֵיכֶם וְנִצַּלְתֶּם אֶת־מִצְרָיִם

Die Wissenschaften der Heiden seien nämlich nicht nur „vorgetäuscht", „abergläubisch" und „überflüssig", sondern enthielten auch die „freien Künste" (*artes liberales*), die für den Nutzen der Wahrheit recht geeignet seien. Die *„artes/disciplinae liberales"* seien die eines freien Menschen würdigen geistigen Betätigungen. Augustinus nennt sie in seinem Traktat *„de civitate dei"* die „weltlichen Künste".[260] Sie seien in Maßen zu nutzen. In späteren Schriften sieht er die freien Künste kritischer, aber verwirft sie nie ganz.

Man solle sich geistig trennen von deren „elenden Gesellschaft" (*misera societatis*),[261] und deren sinnvolle und zum Wahren des christlichen Glaubens beitragenden Dinge solle man für einen christlichen Nutzen umwandeln.[262]

„In gleichem Maße wird das gesamte Wissen, welches freilich nutzbringend den Büchern der Heiden entnommen wird, in seiner Bedeutung relativiert, wenn es mit der Kenntnis der Hl. Schrift verglichen wird. Denn was auch immer der Mensch außerhalb der Bibel gelernt hat, wird, wenn es schädlich ist, in der Bibel verurteilt, wenn es aber nützlich ist, in der Bibel gefunden." Außerdem werde er in der Bibel alles „um vieles reicher finden, was überhaupt nirgendwo anders außer in der wunderbaren Tiefe und wunderbaren Niedrigkeit der Hl. Schrift gelernt wird."[263]

VI.III.V Buch 3 – Doppeldeutige Zeichen

„Wenn nun einen solchermaßen unterwiesenen Leser die unbekannten Zeichen in der Bibel nicht mehr hindern und wenn er sanft ist und demütig von Herzen [...] auferbaut in der Liebe, einer, den das Wissen nicht aufblähen könnte- dann mag er sich daran machen, die doppeldeutigen Zeichen in der Hl. Schrift zu betrachten [...] über die ich nun im dritten Buch zu reden beginne..." So endet das zweite Buch. Es beendet den Diskurs zu den unbekannten Zeichen und es wird klar gemacht, dass es nun um die doppeldeutigen Zeichen (*ambigua signa*) gehen soll.

---

[260] Siehe hierzu Augustinus, *de civitate dei*, 6,2.
[261] Augustinus, *De doctrina christiana*, Lib. Secundus, XL,60,145.
[262] Pollmann, S.98.
[263] Pollmann, S.101. Hier wieder die inhaltliche Sonderstellung der Bibel vor allen anderen Wissenschaften und Werken.

Zunächst fasst Augustinus noch einmal einige der wichtigsten Eigenschaften eines guten Christen zusammen. Gottesfurcht (*timens deum*) sei elementar und dadurch die Suche nach Gottes Willen in der Bibel –sowie Sanftmut (*mansuetus*), sodass er Streitigkeiten nicht liebe. Hier fällt dem ein oder anderen sicher das Zitat aus Buch Zwei ein: „Nur muß man sich hierbei vor der Streitlust und einer gewissen kindischen Prahlerei hüten, die den Gegner täuschen will."[264] Zuletzt nennt Augustinus noch die Sprachkenntnis (*scientia linguarum*)[265], damit man nicht an unbekannten Zeichen und Wendungen scheitere und die Kenntnis (*scientia, notatia*) gewisser notwendiger Dinge.

Wie Augustinus bereits ins Buch Zwei definiert hat, liege Doppeldeutigkeit sowohl in eigentlichen („buchstäblich gebrauchte Wörter") als auch in übertragenen Zeichen vor.[266]

VI.III.V.I Umgang mit Doppeldeutigkeit von buchstäblich gebrauchten Zeichen

Man solle sich fragen, ob man die Wörter untereinander vielleicht falsch abgetrennt habe ob der *scriptio continua* oder falsch ausgesprochen. Bezüglich der Aussprache sei die rechte Akzentuierung von Pausen und Satzmelodie gemeint.[267] Außerdem müsse man die Doppeldeutigkeit in den grammatischen Formen berücksichtigen.[268]

„Denn sehr selten und nur unter großen Schwierigkeiten kann eine Doppeldeutigkeit bei den buchstäblich verwendeten Wörtern gefunden werden, soweit es sich auf die Bibel bezieht, die nicht entweder durch den Kontext [...], oder durch den Vergleich der lateinischen Übersetzungen oder durch den Rückgriff auf die Originalsprache gelöst werden kann."[269]

VI.III.V.II Falsche Abtrennung/Interpunktion

Man solle die „Regel des Glaubens" befragen, die empfangen worden sei aus klareren Stellen der Bibel und durch die Autorität der Kirche. Wenn aber die Auslegungsmöglichkeiten mit dem Glauben übereinstimmten, dann müsse der Kontext der Stelle betrachtet werden und überlegt werden, welche Optionen in den Kontext passten.[270]

Augustinus gibt zwei Beispiele von verschiedenen Interpunktionen und deren Verstehensmöglichkeiten an. Zum ersten Beispiel wählt er eine –wie er sie nennt- häretische Zeichensetzung, die eine Göttlichkeit für Christus vermeiden würde.[271] Dagegen stellt er die

---

[264] Pollmann, S.87. Ein bekannter Einwand Platons gegen die Sophisten, die es mit ihrer Kunst darauf angelegt hätten, sich eine bessere Machtposition zu erwirken und ein Scheinwissen zu verbreiten. Hierfür siehe u.a. Platon, *Gorgias*, 448d-448c; *Polos*, 461b-522e; *Kallikles*, 481b-522e. Zuvorderst sei allerdings noch Aristophanes zu nennen, der in seinen „Wolken" schon schrieb, dass die Sophisten aus dem ungerechten Argument (*logos*) ein scheinbar gerechtes machten.

[265] Ein Synonym für das Wort *lingua* könnte *locutio* sein. *Lingua* bezeichnet aber über den reinen Sprechakt oder die sprachliche Wendung hinaus auch ein Sprachsystem (siehe hierzu u.a. „De vera religione", 99). Übertragen auf ein Zeichensystem wird *lingua* erst durch den *lógos* verständlich: „*Quia ergo etiam lingua, id est membro corporis, quod movemus in ore, cum loquimur, signa utique rerum dantur, non res ipsae proferuntur, propterea translato verbo linguam appellavit quamlibet signorum prolationem, priusquam intellegantur: quo cum intellectus accesserit, qui mentis est proprius, fit revelatio vel agnitio vel prophetia vel doctrina.*" (Gn. Litt. 12,8,19).

[266] Siehe hierzu Lib. Secundus 10,15,32f.

[267] Hier ist sicherlich auch eine Anspielung auf den Lektor enthalten, der den Text im liturgischen Rahmen des Gottesdienstes vorträgt. Das geht auf pagane Rhetorik zurück: Siehe hierzu u.a. Quintilian, *institutio oratoria*, 1,5,27.

[268] Pollmann, S.107.

[269] Pollmann, S.108.

[270] Auch Cicero sagt dies in Cicero, *de inventione*, 2,117.

[271] Der Ausdruck der Häresie im Zusammenhang mit der versuchten Entheiligung von Christus lässt einen unterschwelligen Seitenhieb gegen die Arianer vermuten, die zu widerlegen versucht hatten, dass Christus nicht der göttliche Logos sei und nur eine fleischliche Instanz. Über Augustinus' Kampf gegen die Arianer hat Possidius in der Vita zu Augustinus ausführlich berichtet.

anders punktierte Version, die Christus die göttliche Stellung wiedergeben würde.[272] Das zweite Exempel zeigt zwei unterschiedliche Interpunktionen, die zwei Auslegungen möglich machten, die jedoch beide glaubenskonform seien. Sehr genau nimmt Augustinus beide unter die Lupe und fokussiert sich besonders auf ein Wort, das ihm zeige, welche Auslegung die gemeinte sein müsse.[273] Sofern allerdings keine Glaubensvorschrift oder der Kontext eindeutig zur Klärung der Doppeldeutigkeit herangezogen werden könne, „steht nichts einer beliebigen Interpunktion entgegen, die irgendeine der möglichen Interpretationen unterstützt […] Solche Doppeldeutigkeiten der Interpunktion liegen in der Beliebigkeit des Lesers", d.h. beide Alternativen seien gleichwertig.[274]

VI.III.V.III Doppeldeutigkeit der Aussprache/Intonation

Bei Doppeldeutigkeit der Aussprache sei derselbe Weg der Regel des Glaubens und des Kontextes zu gehen. Führe keine der Methoden dabei zum Erfolg, mache sich der Leser keines Fehlers schuldig, egal, wie er den Text ausspreche. Trotzdem sieht Augustinus weiter die Gefahr falscher Intonation, weil das Gegenteil des Gemeinten verstanden werden könne. Also führt Augustinus die Begriffsfrage (*interrogatio*) und die Entscheidungsfrage (*percontatio*) ein. Beide zusammen würden ein Frage-Antwort-Spiel zur Belebung der Gedankenfolge bilden.[275] Auf die Begriffsfrage könne Vieles geantwortet werden. Auf die Entscheidungsfrage könne dagegen nur mit „Ja" oder „Nein" geantwortet werden.[276] Je nach benötigter Intonation solle man beide Fragetypen hintereinander schalten und von der Reihenfolge her festlegen, nämlich auf eine Frage eine Gegenfrage.

Weiter geht es mit der Aussprache von Längen bei Wortsilben. Augustinus führt das anhand des lateinischen Wortes „os" aus. Dies könne der Mund (lang ausgesprochen) oder der Knochen (kurz ausgesprochen) sein. Um dabei das Gemeinte herauszufiltern, lohne sich ein „Rückgriff auf die Originalsprache". Im Griechischen stehe an der Stelle nämlich „oston", sodass bei „os" der Knochen gemeint gewesen wäre.

Interessant ist, dass Augustinus hier kritisiert, dass solche Dinge nicht so häufig passieren würden, wenn man sich lieber der „Umgangssprache bei der Bezeichnung von Dingen" bedienen würde, sodass im Vulgärlateinischen (Barbarismus) eher „ossum" gestanden hätte statt „os" ob des „Purismus der Literaten".[277] Das bedeutet, dass Augustinus in der Quintessenz mehr Wert auf die Klarheit des Sinns legt als auf die Schönheit der Sprache.[278]

VI.III.V.IV Doppeldeutigkeit in den grammatischen Formen

Hierzu nutzt Augustinus das biblische Beispiel aus 1Thess. 3,7: "*ideo consolati sumus fratres in vobis in omni necessitate et tribulatione nostra per vestram fidem.*" Es stelle sich die Frage, ob "fratres" Akkusativ oder Vokativ sei. Beides stünde nicht gegen den Glauben. Abhilfe könne da das griechische Original schaffen, das nicht dieselben Formen für beide Kasus besitze: „διὰ τοῦτο παρεκλήθημεν ἀδελφοί ἐφ' ὑμῖν ἐπὶ πάσῃ τῇ ἀνάγκῃ καὶ θλίψει ἡμῶν διὰ τῆς ὑμῶν πίστεως" Augustinus merkt an, dass der Übersetzer zur Kenntlichmachung des Vokativs, welcher hier gemeint gewesen sei, ein „unsere" hätte ergänzen können. Doch

---

[272] Siehe hierzu J.1,1.
[273] Siehe hierzu Pollmann, S.103-104 und Phil.1, 22-24.
[274] Pollmann, S.104-105.
[275] Siehe hierzu H. Lausberg, *Handbuch der literarischen Rhetorik*, § 770. Die Form eines Spiels aus Frage und Antwort erinnert sehr an die *elenchos*-Spiel des Sokrates in den Dialogen Platons.
[276] Pollmann, S.105-106.
[277] Eadem, S.107.
[278] In „*de magistro*" S. 166 sagt er: „*Das enim cognitionem rerum quam signa rerum esse cariorem. Quamobrem cognitio rerum, quae significantur, cognitioni signorum anteferenda est...*"

schnell rudert er damit etwas zurück, da es „ziemlich gefährlich" sei solche Änderungen zuzulassen. Eine willkürliche Manipulation des Textes kommt für Augustinus also nicht ohne Weiteres in Frage.[279]

VI.III.V.V Doppeldeutigkeit und Gefahren von übertragenen Zeichen

„Aber die Doppeldeutigkeiten der übertragenen Wörter […] verlangen überdurchschnittlich viel Sorgfalt und Fleiß."[280] Eine figürliche (allegorisch, metaphorisch) Redeweise (*figurate dictum*) solle nicht buchstäblich aufgefasst werden. Denn „der Buchstabe tötet, der Geist aber macht lebendig."[281] Wenn man etwas Figürliches zu wörtlich nehme, dann verstehe man es „fleischlich" (*canaliter sapitur*).[282] Dies setzt Augustinus der Unterwerfung der vernünftigen Seele unter das Fleisch gleich, indem er es als *„mors animae"* tituliert.[283] Derjenige komme mit seiner Erkenntnis nicht sehr weit. Origines schrieb in seinem Werk *„de principiis"* auch von der Überlegenheit der spirituellen über die fleischliche Auslegung der Bibel.[284]

„Es ist insgesamt eine elende Knechtschaft der Seele, Zeichen (nützliche) für Dinge selbst zu halten und das Auge des Verstandes nicht über die körperliche Kreatur erheben zu können, um das ewige Licht aufzunehmen."[285]

Es folgt eine längere Kritik an den Juden und Heiden, die nicht fähig gewesen seien die Zeichen geistig zu sehen.[286] Besonders geht Augustinus auf die Verehrung von Statuen ein (Idoloatrie, unnütze Zeichen) und auf den Versuch einiger Menschen „jene Statuen wie Zeichen auszulegen." Er beruft sich auf den Gedichtausschnitt eines paganen Dichters, der über die Neptunstatue schrieb: „Du Vater Neptun, dem die grauen Schläfen, mit lärmender Salzgischt bekränzt…" Er bezeichnet dieses Werk als eine „poetische Schote" mit klappernden Körnern in der Hülse, welche jedoch keine Nahrung für Menschen, sondern für Schweine seien.[287] Noch schlimmer findet Augustinus diejenigen, die die Werke/unnützen Zeichen der Menschen als Götter verehrten, als die, welche die Werke Gottes/nützlichen Zeichen dafür halten und nicht ihre geistige Bedeutung kennen würden.[288]

Zum Schluss geht Augustinus auf die Missionierung der Juden und Heiden ein. Die Juden seien welche, die den nützlichen Zeichen anhafteten, sie aber nicht geistig auslegen konnten. Jene seien leichter zu bekehren gewesen. Die Heiden dagegen hätten den unnützen Zeichen wie falschen Gottheiten („Hurerei") gehuldigt und seien dann von der „christlichen Freiheit" gereinigt worden, um nicht mehr in der Knechtschaft zu verweilen und stattdessen „ihren Geist in deren geistiger Erkenntnis üben zu können."[289] „Unter der Knechtschaft des Zeichens steht nämlich der, der eine bezeichnende Sache praktiziert oder verehrt und dabei nicht weiß, was

---

[279] Pollmann, S.108.
[280] Eadem, ibidem.
[281] Siehe hierzu 2 Kor 3,6.
[282] Siehe hierzu Augustinus, *De doctrina christiana*, Lib. Tertius, V,9,20.
[283] Idem, ibidem.
[284] Siehe hierzu Origines, *de principiis*, 4,3,9.
[285] Pollmann, S.109. Die weitergehenden Bedeutungen einzelner Buchstaben rückt langsam in de Fokus der Theologie. So findet sich in der Erzählung um Sarah und Abraham ein Hinweis darauf, dass das angehängte „He" auf potentielle Fruchtbarkeit hindeutet. Denn vor ihrer Namensänderung hießen die beiden noch Sarai und Abram. Beide versuchten ein Kind zu bekommen, was aber an der Unfruchtbarkeit von Sarai scheiterte. Gott versprach ihnen jedoch irgendwann einen Sohn und machte aus Sarai die Sarah. Dem He ist ein Jod gewichen und Sarah war nunmehr in der Lage Isaak zu gebären. Für Weiteres zu diesem Thema Sonja Drieling auf alephbeth.info.
[286] Pollmann, S.109-110.
[287] Die Schote der Hülsenfrucht gilt in den Evangelien als Symbol für oberflächliche Menschen, deren Rede aufgeblasen ist und die sich von nutzlosen, intellektuellen Moden verführen lassen. Siehe hierzu Ambrosius, *Lukaskommentar*, 7,217f in Corpus Christianorum. Series Latina 14,289f.
[288] Pollmann, S.111.
[289] Eadem, ibidem.

sie bedeuten soll. Wer aber ein nützliches, von Gott eingerichtetes Zeichen entweder ausführt (u.a. Taufe) oder verehrt, dessen Wirkung und Bedeutung er erkennt, der verehrt nicht, was erscheint und vergeht, sondern eher jenes, worauf alle solche Dinge zu beziehen sind. Ein solcher Mensch aber ist geistlich und frei…"[290]

VI.III.V.VI Gefahren der übertragenen Zeichen (die unnütze Auslegung)

„…ebenso ist es Zeichen eines unsteten Irrtums, die Zeichen unnütz auszulegen […] Wer aber nicht versteht, worauf ein Zeichen verweist, aber dennoch versteht, daß es ein Zeichen ist, wird selbst nicht von der Knechtschaft niedergedrückt." Wer nämlich meine, ein Zeichen zu verstehen, es aber unnütz auslege, der gerate von der Knechtschaft der Seele mit seinem Hals in die Schlingen des Irrtums.[291]

VI.III.V.VII Figürliche und eigentliche Redeweise

Wie schon gesagt wurde, solle man einer figürlichen Redeweise nicht wortwörtlich folgen. Auch sei es falsch eine eigentliche Redeweise (*propriane*) nicht als eine figürliche (*figurata*) auszulegen bzw. es zu versuchen. Augustinus merkt selbst, dass er Kriterien (*modus*) aufstellen muss, die definieren, welche Redeweise figürlich und welche eigentlich sei: „Alles, was in der Bibel im wörtlichen Sinn weder auf die Lauterkeit der Sitten noch auf die Wahrheit des Glaubens bezogen werden kann, muß für figürlich gehalten werden", lautet das erste Kriterium von Augustinus. Lauterkeit (*morum honestas*) bedeute Gott und den Nächsten und sich selbst zu lieben. Die Wahrheit des Glaubens (*fidei veritas*) meine Gott und den Nächsten zu erkennen.[292]

Erneut greift Augustinus auf die Macht der Gewohnheit (*consuetudo*) zu, wie er sie schon im zweiten Buch und bei den „„*confessiones*"" im siebten Buch bestimmt hat als Feind der Seele, da sie dem Leib innewohne. Die Gewohnheit als zweite Natur des Menschen sorge dafür, dass die Menschen das tadeln würden, was alle gemäß ihrer Zeit meinen tadeln zu müssen und sie billigten und lobten nur das, was die Gewohnheit derer, mit denen sie leben würden, zulasse. Und daher geschehe es, dass, sobald die Hl. Schrift etwas vorschreibe oder tadle, was der Gewohnheit der Leute entgegenstehe, die Gläubigen es für eine figürliche Redeweise halten würden. Es würde eben nicht zu ihren Ansichten passen und müsse daher metaphorisch für etwas ganz anderes verstanden werden. Eigentlich schreibe die Schrift aber nur die Liebe vor und tadle die Begierde. Da stehe nichts anderes dahinter und dies solle die Sitten der Menschen formen: "*Praeteritorum narratio est, futurorum praenuntiatio, praesentium demonstratio; sed omnia haec ad eandem caritatem nutriendam atque roborandam et cupiditatem vincendam atque exstinguendam valent.*"[293]

Seien die Menschen aber im Glauben an einen Irrtum in ihrer Meinung voreingenommen, würden sie dazu neigen, die Bibelstelle figürlich auszulegen, obwohl sie etwas Konträres gemeint hat. Eindeutige Sachen seien nicht figürlich: „*Quod si perspicue sonat, non est ad aliud referendum quasi figurate dictum sit.*"[294]

Wenn etwas scheinbar Lasterhaftes gesagt werde über eine gottgläubige Person oder einen Menschen Gottes (die, deren „Heiligkeit uns anempfohlen ist")[295] oder über deren Handlungen,

---

[290] Eadem, S.112.
[291] Eadem, S.113.
[292] Eadem, S.113.
[293] Siehe hierzu Augustinus, *De doctrina christiana*, Lib. Tertius, X,15,36.
[294] Idem, ibidem Lib. Tertius, XI,17,39.
[295] Pollmann, S.116.

sei dies ganz figürlich zu verstehen. Augustinus sagt also, dass es nicht sein könne, dass solche Instanzen schlechte Handlungen vollbringen könnten, sondern nach einer tieferen Bedeutung gesucht werden müsse. Diese wie so manch andere Passage liest sich beinahe wie eine Verteidigungsschrift –eine Verteidigung der Unantastbarkeit der Bibel. Augustinus lädt dazu ein, sich Diskussionsfragen zu überlegen, wie: Was ist mit dem Gottesmenschen Moses, der würdig war mit Gott zu reden und die Israeliten zu führen, der aber trotzdem verfehlt, indem er Gott die ehrvolle Anerkennung stiehlt? Es stellt sich die Frage, was daran figürlich sein sollte. Auch König Dawid, ein Mann, der Gottes Gesetzen gefolgt ist, hat in jungen Jahren einen Mann umbringen lassen, um dessen Frau zu bekommen. Ist der Ansatz von Augustinus richtig, die wichtigen Personen der Bibel quasi zu „heiligen" anstatt sie als Menschen zu sehen, die ihre Makel haben und Fehler begangen haben, die aber auch Gottes Gnade erhalten haben ob ihrer ehrlichen Buße, was dem katholischen Glauben von Augustinus eigentlich entspricht. Die Freiheit menschlichen Handelns existiert in der Hl. Schrift. Jeder Mensch ist für seine Seele verantwortlich und muss sich dafür vor Gott verantworten.[296] Alleine auf Grund dieser soeben genannten Fakten ist Augustinus' These nicht haltbar. Stattdessen spricht Augustinus beharrlich davon, dass deren „Geheimnisse entkernt" werden müssten, denn es seien ja auch edle Motive Möglichkeiten zur Erklärung. Und weiter: „So ist das, was bei anderen Personen meistens eine Schandtat darstellt, bei einer göttlichen oder prophetischen Person Zeichen irgendeiner bedeutenden Sache."[297] Der Umgang mit einer Prostituierten sei für normale Individuen als schändlich zu verstehen, bei Propheten oder Göttlichen aber müsse etwas anderes gemeint sein. Augustinus verweist auf Hos. 1,2f. als Beispiel, das hinterfragt werden müsse.

Schließlich versucht Augustinus doch noch seine Aussage zu untermauern: Man solle nämlich nicht auf Grund der Natur der Dinge, die man gebrauche, werten, sondern den Grund des Gebrauchs und die Art des Strebens betrachten. Habe ein Mann nämlich in Zeiten der Knappheit von Nachkommen mehrere Frauen und schlafe mit ihnen allen, um Kinder zu zeugen, dann sei das nicht schandhaft. Wie Augustinus vorher schon gesagt habe, sei es „unbesonnen das als Schandtaten zu tadeln, was für bestimmte Orte, Zeiten und Personen in Bezug auf die Gewohnheiten des Volkes passend" und notwendig sei. Es käme dabei stets auf die innere Gesinnung desjenigen an. Tue ein Mann wie bei obigem Beispiel dies mit mehreren Frauen, um Kinder zu zeugen, sei er nicht schändlich und sogar ehrbarer als einer, der nur mit einer einzigen Frau immer wieder verkehre. Jener wäre nämlich durch die Begierde geleitet, der andere aber durch Liebe und Vernunft.[298]

Dass Augustinus sicher nicht alle Mittel zu heiligen unterstützt, wissen wir schon von seiner gänzlichen Ablehnung der Lüge in Buch Zwei.[299] Und sicher ließe sich dieser Punkt auch noch weitgehender diskutieren, da auch die katholischen Jesuiten diese Wendung des Zweckes nach Augustinus für sich kannten, aber damit wäre der Rahmen dieser Arbeit gesprengt.

VI.III.V.VIII Unterschiedliche geistige Stände

Es könne aber auch passieren, dass jemand, der geistig schon auf einem höheren Level sei, eine Stelle figürlich verstehe, während Leute, die einen niedrigeren geistigen Stand hätten, sie als wörtlich nehmen müssten, da sie schlechter seien als die Forderung der Stelle es

---

[296] Vgl. u.a. 5.M, 31,16.
[297] Pollmann, S.116.
[298] Auf Seite 122 (Pollmann-Ausgabe) nennt Augustinus es „schwelgerischen Geschlechtsverkehr", auf Seite 124 spricht er von der „Vorherrschaft der Lust".
[299] Augustinus, *De doctrina christiana*, Lib. Primus III,7,1.

zulasse.[300] Dafür hat Augustinus auch eine Rechtfertigung: Manche Regeln in der Bibel würden „allen gemeinsam" gelten und manche nur bestimmten Arten von Personen, „damit das Heilmittel nicht nur dem Zustand der Gesamtverfassung, sondern die spezifische Schwäche jedes einzelnen Gliedes in Angriff genommen" werde. Was nicht auf eine höhere Ebene gehoben werden könne, müsse auf seiner niedrigeren Ebene angemessen geheilt werden.[301] Er plädiert also für ein differenziertes Schriftverständnis, bei dem nicht alle Aussagen gleichermaßen für alle gelten.

Als Resümee stellt Augustinus fest, dass fast alles in der Bibel, was wörtlich ist, auch figürlich verstanden werden könne und müsse (nicht andersherum!). Die Bibel sei ein Medium, das allen geistigen Zuständen entsprechend Heilmittel sei. Man müsse bloß aufpassen, dass man für sich den Weg der Exegese wähle, die am Schluss zur Liebe führe und nicht zur Begierde. Außerdem bekennt Augustinus sich zu einem Wandel der moralischen Vorstellungen im Laufe der Zeit, was einen kritischen Umgang mit der Bibel erfordert. Im Prinzip rudert er von der ersten Aussage zurück, dass man alles figürlich nehmen müsse, wo Gute schlecht bei weg kommen, da er sagt: „Selbst so große Männer haben gefährliche Stürme und beklagenswerte Schiffbrüche erleiden müssen."

VI.III.V.IX Die Besonnenheit und Mäßigung der Apostel bzw. Gottesleute

Über mehrere Abschnitte hinweg baut Augustinus auf, wie besonnen und gemäßigt die Guten der Bibel gewesen seien, sodass sie durch Lobe nicht charakterschwach () geworden seien. Quinitilian sagt über das Lob in seinem Wertekatalog des öffentlichen Lebens, dass die Liebe nach Lob die Liebe nach Buchstaben schärfe. Zentralwendung ist hier *„amor laudis"*.[302] Augustinus erzählt in den *„confessiones"*, wie er mehr auf die Schönheit der Worte (*verba*) geachtet habe als auf die Inhalte (*res*). Überdies seien die Guten fleischlicher Begierde nicht unterlegen und sie hätten ernsthaft um diejenigen getrauert, die es nicht mehr zu Lebzeiten geschafft hätten sich in Reue von ihrer Sündhaftigkeit abzuwenden. Dafür hat Augustinus das Beispiel von Dawid und seinem Sohn genommen. Dawid nämlich habe nicht um seinen toten Sohn geweint, sondern um seine sündige Seele, die nicht mehr rein gewaschen habe werden können. Er beginnt eine Verteidigung von dem König (), der sich zwar auch einmal an einer Frau vergangen habe, aber noch rechtzeitig Reue empfunden und sich gewandelt habe, während dessen Sohn Salomo die gesamte Lebenszeit hindurch sündig geblieben sei. Augustinus spricht von einer kurzen „Phase", in der Dawid das Maß überschritten habe.[303]

VI.III.V.X Tropen als doppeldeutige Zeichen

„Die Gelehrten aber sollten wissen, daß unsere biblischen Autoren alle Arten der Redeweise, die die Grammatiklehrer mit der griechischen Bezeichnung Tropen nennen, verwendet haben, und zwar vielfacher und reicher als diejenigen beurteilen oder glauben können, die unsere Autoren kennengelernt haben. Diejenigen jedoch, die diese Tropen kennen, erkennen sie in der Hl. Schrift und durch deren Kenntnis wird ihnen in gewissem Maße geholfen die Hl. Schrift zu verstehen." Lernen könne man die Tropen innerhalb der freien Künste *(artes liberales)* gepaart mit der Notwendig von Sprachkenntnissen. Trotzdem man die Tropen kennen solle, stellt Augustinus fest, dass die Praxis des Redens schon diese Figuren kannte und dass die Namen der Tropen erst später von den Grammatikern festgelegt worden seien. Die sogenannten Tropen würden jedoch schon bei denen gefunden werden, die die Begriffe

---

[300] Pollmann, S.120.
[301] Eadem, S.121.
[302] Siehe hierzu Quintilian, *institutio oratoria*, Buch 12,1, 8.
[303] Pollmann, S.125.

niemals offiziell gelernt hätten: *„Quamvis paene omnes hi tropi qui liberali dicuntur arte cognosci etiam in eorum reperiantur loquellis qui nullos grammaticos audierunt et eo quo vulgus utitur sermone contenti sunt.“*[304]

Wie das Zitat zeigt, sind in Augustinus' Aussage auch diejenigen mit einbegriffen, die sich nur mit der Umgangssprache begnügen. Trotz der Abwertung der theoretischen Begrifflichkeiten fängt Augustinus über mehrere Abschnitte hinweg an, mannigfaltige Tropen zu demonstrieren und namentlich zu benennen.[305] Was er damit bezweckt, bleibt offen. Ob er demonstrieren will, dass die Stellen auch durch natürliches Sprachgefühl Tropen integriert haben oder dass er selbst die Vokabeln aus dieser Disziplin beherrscht, bleibt dem Leser frei interpretierbar. Es wirkt auf jeden Fall etwas befremdlich.

VI.IV „De doctrina christiana" Buch 4

VI.IV.I Das theoretische System von Augustinus

„Daher dämpfe ich in dieser Vorrede zuerst die Erwartung derjenigen Leser, die etwa glauben, daß ich rhetorische Vorschriften geben werde, wie ich sie in weltlichen Schulen gelernt und gelehrt habe, und ermahne sie, diese nicht von mir zu erwarten; nicht weil sie keinen Nutzen haben könnten, sondern weil, wenn sie einen haben, dies andernorts gelernt werden muß, wenn irgendein guter Mensch eventuell Muße dazu hat, auch dies zu lernen.“[306] In den vorigen Büchern dieses Werkes ließ Augustinus mancherorts bereits spitzfindige Bemerkungen gegenüber der Sophistik hervorblitzen, welche in ihrer Negativität und der Art und Weise vor allem seiner Position zur Zeit der Verschriftlichung der „confessiones" entsprechen.[307] Seine Position in diesem Buch aber ist doch deutlich gewandelt, was wahrscheinlich darauf zurückzuführen ist, dass Augustinus eben diese Passagen dreißig Jahre zeitversetzt verfasst hat. Zwar möchte er sich, wie der Einleitungssatz zeigt, von den Begrifflichkeiten und der Rhetorik als schulische Disziplin distanzieren, jedoch entlehnt er dieser gewisse Grundstrukturen für die Etablierung einer christlichen Predigt. Der Wandel in seiner Haltung gegenüber der Redekunst ist besonders markant sichtbar im Vergleich von den „confessiones" zum vierten Buch von „De doctrina christiana". Aus einer gänzlichen Ablehnung ist eine Relativierung und überlegende Vernunft geworden, wobei er nämlich zugibt: „Es gibt auch einige Vorschriften, die eine reicher ausgeschmückte Redeweise betreffen, welche denn Beredsamkeit genannt wird. Diese sind nichtsdestoweniger wahr, selbst wenn durch sie auch von Falschem überzeugt werden kann. Weil sie aber auch von Wahrem überzeugen können, ist nicht die Fähigkeit selbst tadelnswert, sondern die Verderbtheit derer, die sie schlecht gebrauchen.“[308]

---

[304] Siehe hierzu Augustinus, *De doctrina christiana*, Lib. Tertius, XXIX, 40,88.

[305] Pollmann, S.130-132.

[306] Eadem, S.149. Augustinus war einst paganer Redner und Rhetoriklehrer in Karthago, Rom und Mailand, nun distanziert er sich von seiner rhetorischen Vergangenheit: Er will keine rhetorischen Lehren mehr weitergeben und auch begrifflich spricht er bei seiner Hermeneutik nicht von Rhetorik, sondern umschreibt es mit dem „Weitergeben". Daher vermeidet er im gesamten vierten Buch jedweden rhetorischen Fachbegriff und nennt auch namentlich nicht die Rhetoriker, auf die er sich bezieht, sondern dem Leser bleibt es überlassen herauszufinden, von wem Augustinus gerade spricht. Diese Vorgehensweise ist für jemanden, der das Ausgeführte verstehen will, durchaus schwierig, weil durch die fehlenden Überschriften ob nicht angewendeter Fachtermini schwer eine Struktur des Textes zu erkennen ist. Außerdem ist dieses Buch in seinen Gedankengängen nicht sukzessive, sondern eher sprunghaft formuliert, was den Leser zu noch mehr Gedankenleistung bringen muss.

[307] Siehe hierzu Verweis 100.

[308] Auch in Buch 4,2,3,5 betont Augustinus die grundsätzliche Wertefreiheit der Rhetorik, die erst durch richtigen oder falschen Gebrauch gut oder schlecht werde.

Durch die Rhetorik könne also sowohl vom „Wahren als auch Falschem überzeugt" werden.[309] Doch die Wahrheit (*veritas*), welche ein Zentralbegriff des vierten Buches ist, habe Verteidiger und gehe nicht waffenlos gegen die Lüge zu Felde.[310] So könne einer, der versuche die Leute vom Falschen zu überzeugen, z.B. in der Einleitung die Hörer „wohlwollend, aufmerksam oder aufnahmefähig" machen.[311] Diese drei Begriffe sind die Hauptziele der Rhetorik: „*benivolus*" (wohlwollend, *delectare*), „*intentus*" (erregen, *movere*) und „*docilis*" (belehren, *docere*), doch macht Augustinus sie nicht als solche kenntlich.[312] Daher sollen in dieser Arbeit zur Aufschlüsselung die Fachtermini dienen, welche hinter den Aussagen des Kirchenvaters stecken.

Doch bloß, weil einer, der Lügen verbreite, diese Werkzeuge anwenden könne, müsse die Wahrheit nicht zwangsläufig „langweilig oder unverständlich" (...*audire taedeat*) dargelegt werden und die Lüge dagegen „bündig, klar und plausibel" (*breviter, aperte, verisimiliter*). In den „confessiones" beschreibt es Augustinus mit einem Satz: „Du also hattest mich bereits darüber belehrt, dass etwas nicht deshalb als wahr angesehen werden darf, weil es beredt vorgetragen wird, auch nicht deshalb schon als falsch, weil die Lautzeichen nur holperig über die Lippen kommen."[313] Es folgt eine Synkrisis von „jenen" (Lügner) gegen „diese" (Wahrheit Sprechende) in Form von rhetorischen Fragen. Nämlich, ob jene mit täuschenden Argumenten die Wahrheit angreifen und die Falschheit „aussäen" sollten und dagegen diese weder Wahres verteidigen noch Falsches zurückweisen könnten. Es sei zu fragen, ob jene die Gemüter der Zuhörer „zum Irrtum verführen" und zwingen und mit der Rede „erschrecken, betrüben, aufheitern und glühend ermahnen" sollten und diese wiederum „träge und emotionslos für die Wahrheit einschlafen" sollten.[314] Augustinus zieht ein Resümee aus seiner Gegenüberstellung, dass der Weg, den die Wahrheit Redenden im Vergleich gingen, nicht weise sei. Für ihn ist, wie die anderen Bücher schon gezeigt haben, die Weisheit das höchste Gut, durch die der Weg beschritten werden solle. Stattdessen sollten die Wahrhaften die „Waffen" (*arma*) der Rhetorik nutzen –allerdings nur mit dem Ziel der Wahrheit. Die Rhetorik als Instrument sei im Prinzip „in der moralisch neutralen Mitte gelegen."[315] Sie könne, wie schon zu Beginn festgestellt wurde, sowohl für die Lüge als auch Wahrheit genutzt werden.

Erneut stellt Augustinus im Anschluss eine rhetorische Frage, die er selbst beantwortet, nämlich: Warum „gute Christen" sie dann nicht nutzen würden, „damit sie der Wahrheit diene."[316] Für ihn ist klar, dass das zu tun sei. „Aber alle Regeln und Vorschriften zur Rhetorik,

---

[309] Pollmann, S.149.

[310] Im zweiten Buch von „De doctrina christiana" beschäftigte sich Augustinus ausführlich mit dem Gegenpart der Wahrheit, nämlich der Lüge. Denn jemand, der im vollen Bewusstsein über die Auslegung der Bibel lüge, sei –so Augustinus- ein Lügner. Der Getäuschte sei in dem Moment besser als der Lügner, da es besser sei Unrecht zu erleiden als zu verursachen. Augustinus stützt sich damit auf 1.Petr. 3,17, aber das Motiv des Täuschenden und Getäuschten findet sich auch bei Platon. Siehe hierzu Platon, *Gorgias*, 473 A; 474 B. Jeder, der lüge, tue ein Unrecht und wenn jemandem eine Lüge irgendwann nützlich erscheine, dann könne dem auch einst die Ungerechtigkeit nützlich erscheinen. Für Augustinus ist die Lüge immer unbrauchbar. Platon hat den Nutzen der Lüge für pädagogische Zwecke erwogen, ebenso Quintilian. Siehe hierzu Platon, *res publica*, 2,382 CD; 5,459 sowie Quintilian, *institutio oratoria*, 12,1,38. Für die Beredsamkeit als Waffe siehe Cicero, *de orat.*, 3,14,55 und Quintilian, *institutio oratoria*, 12,2,2.

[311] Pollmann, S.150.

[312] Die Termini sind auch beim *auctor ad Herennium* 1,4,6, bei Ciceros „de oratore" 2,19,80 und Quintilians „institutio oratoriae" 4,1,5 zu finden.

[313] Flasch, S.124.

[314] Pollmann, S.150.

[315] Eadem, ibidem.

[316] Beim Motiv des guten Christen stoßen wir auf etwas, das wir aus Quintilians „institutio oratoria" kennen: Dort heißt es nämlich, dass ein rechter Redner ein guter Mensch sein solle, der kundig in der Rede sei („*vir bonus dicendi peritus*"). Hier findet eine Verknüpfung von Moral und guter Redekunst statt. In Ciceros „de oratore" 3,14,55 sah Cicero wie Quintilian die Gefahr des Missbrauchs der Rhetorik. Augustinus selbst definiert die Rhetorik in „Contra

aufgrund derer in Verbindung mit einem sehr reichen Wortschatz und stilistischer Ausschmückung in einer kunstfertigen und geübten Sprechweise das zustande kommt, was Redegabe oder Beredsamkeit genannt wird, müssen außerhalb dieses meines Werkes gelernt werden , in einem hierfür gesonderten, passenden Zeitraum, in dem dafür angemessenen und geeigneten Lebensalter, und zwar von denen, die dies schnell können." Wie Augustinus später noch genauer betont, sieht er das Erlernen von den rhetorischen Vorschriften nicht als das Essentielle an, was ein guter Christ zur Weitergabe der Wahrheit benötige. Und falls es zum Erlernen der Vorschriften komme, dann nur im Jugendalter, denn es sei gängige Meinung, dass die Jugend eine besonders schnelle Auffassungsgabe habe. Im hohen Alter lohne sich das Lernen der Vorschriften nicht mehr.[317]

Sogleich kommt Augustinus zu zwei weiteren zentralen Begriffen, die seine Ausführungen zur Predigt stützen: Zum einen gehe es um die natürliche Begabung (*ingenium*) und zum anderen um die Praxis (*usus*). Beide hätten Priorität für das Erwerben der Rhetorik und seien essentieller als die theoretische Unterweisung (*ars, doctrina*). Ein natürlich begabter Mensch, der einfach nur die Kirchenschriften lese und dabei nur auf das inhaltliche Verstehen gerichtet sei, nehme automatisch die in den Texten enthaltene Beredsamkeit auf –dies insbesondere in Kombination mit praktischen Schreib- und Diktierübungen sowie Reden.[318] Häufige Lektüre guter Autoren und die eigene stilistische Praxis würden die Ausdrucksfähigkeit verbessern.[319] Für Augustinus gibt es nur eine Entweder-oder-Situation: Ein guter Sprecher müsse ein „*ingenium*" haben, ein schlechter Sprecher könne kein „*ingenium*" besitzen. Leute ohne natürliche Begabung könnten zwar die Vorschriften auswendig lernen, aber diese nie alle aktiv aufrufen in der Rede. Es fehle ihnen das natürliche Gespür dafür. Auch die Nutzung von besonders viel oder schönem Schmuck, könne die Rede eines Unbegabten nicht besser machen.[320] „Allerdings glaube ich aber kaum, daß es irgendwelche darunter gibt, die beides können, nämlich gleichzeitig gut sprechen und, während sie reden, auch an die rhetorischen Regeln denken, um dies zu tun: Vielmehr dieser natürliche Instinkt für Beredsamkeit."[321] Man solle sich davor hüten, zu vergessen, was man zu sagen hat, anstatt auf die Kunstfertigkeit seiner Rede zu achten. Sei man zu sehr auf das Auswendiglernen der Regeln und deren Anwendung fixiert und fehle einem die natürliche Konstitution, so vergesse man auch schnell bei jenem fehlgeleiteten Fokus das, was man sagen wollte. In Schriften und Reden von „Beredsamen" würden „die Vorschriften der Beredsamkeit ausgeführt vorgefunden" werden, weil die Beredsamen sie ganz natürlich verwenden würden- auch wenn sie nicht in den Regeln geschult wurden, schafften sie dies, weil sie beredsam seien durch das „*ingenium*".

Etwas Ähnliches hat Augustinus schon einmal erwähnt, nämlich, dass weise Menschen automatisch übertragene Worte zu verwenden wissen, weil sie gebildet sind. Das gehe auch dort ohne vorher Regeln und festgelegte Begriffe für jede einzelne Erscheinung auswendig gelernt zu haben. Er vergleicht das mit Säuglingen, die ohne jede Sprache auf die Welt kämen und durch den Umgang mit sprechenden Menschen deren Redeweise annehmen würden:

Cresconium Grammaticum et Donatistam 1,1,2 wie folgt: „Die Beredsamkeit ist die Fähigkeit, so zu reden, daß wir das passend ausdrücken, was wir empfinden; sie ist dann einzusetzen, wenn wir das Rechte empfinden."
[317] Pollmann, S.151. Er macht hier einen Deut auf Cicero, der sagte, dass die Rhetorik nur schnell oder überhaupt nie gelernt werden könne. Siehe hierzu Cicero, *de oratore*, 3,36,146.
[318] Auch Quintilian hält das „*ingenium*" für eine natürliche, angeborene Voraussetzung. Siehe hierzu Quintilian, *institutio oratoria*, XII,1,1. Für Cicero findet sich ebenfalls die natürliche Begabung Vorträge zu halten sowie als Voraussetzung die Gabe einer voluminösen Stimme. Siehe hierzu Cicero, *de oratore*, 1,127 und 2,38.
[319] Vgl. hierzu Quintilian, *institutio oratoria*, 10,1-5.
[320] Auch Cicero und Quintilian sehen das „*ingenium*" als Voraussetzung (siehe *praesuppositiones*) für einen guten Redner. Für Cicero fügt sich das in dessen „*orator perfectus*"-Bild ein, das er entwickelt hat.
[321] Pollmann, S.151.

„Denn es würde auch Kindern nicht die grammatische Kenntnis fehlen, [...] wenn sie die Möglichkeit hätten, unter Menschen, die korrekt sprechen, aufzuwachsen [...] obgleich sie zwar keine Bezeichnungen für grammatische Fehler kennen...". Parallel dazu funktioniert auch sein Beispiel der analphabetischen Stadtbewohner (ohne rhetorische Vorschriften Beredsame), die die rohe Sprechweise der Landbewohner tadeln würden. Je nach dem, in welchem Milieu man sich aufhalte, finde die sprachliche Prägung statt. Mit der natürlichen Begabung ausgestattet, würden aus denjenigen, die gute kirchliche Texte lesen oder in einer Predigt hören würden, gute Redner entstehen.[322]

Wie ein guter Prediger sein müsse, definiert Augustinus im Folgenden: Jener müsse ein „Verteidiger des rechten Glaubens" sein sowie „ein Bekämpfer des Irrtums" und er müsse „vor dem Schlechten warnen".[323] Im anschließenden größeren Abschnitt beschäftigt sich Augustinus daraufhin mit den Aufgaben des guten Predigers (*officia oratoris*), indem er ohne jegliche Terminierung die „*genera dicendi*", Tropen und das „*genus subtile*", das „*genus medium*" und das „*genus grande*" einführt.[324] Als guter Prediger müsse man „die Ablehnenden gewinnen, die Nachlässigen aufrichten und denen, die nicht wissen, worum es geht, beibringen, was sie erwarten müssen".[325]

Noch einmal erwähnt Augustinus, dass die Zuhörer zu Beginn wohlwollend, aufmerksam und aufnahmefähig sein oder gemacht werden sollten.[326] Dies sei die Ausgangsbasis, um weiterzumachen. Das Übrige müsse so durchgeführt werden, wie es der jeweilige Fall erfordere. Solle der Hörer belehrt (*docere*) werden, müsse man das mit der Erzählung erreichen, sodass jener die Sache, um die es gehe, besser erkenne. Alles, was bezweifelt werde, müsse durch „Sachbeweise" (*documentis*) vernünftig argumentiert werden.[327] Solle der Hörer aufgewühlt werden, sodass er in dem, was er schon wisse, nicht erlahme und den Dingen beipflichte, von denen er zugebe, dass sie wahr seien, dann sei es notwendig „mit größerer Wucht" zu sprechen. Dies geschehe zum Beispiel durch „Beschwörungen" oder „Vorwürfe", „anfeuernde oder ermahnende" Reden und alles, was ansonsten die Gemüter bewege (*Ibi obsecrationes et increpationes, concitationes et coercitationes et quaecumque alia valent ad commovendos animos sunt necessaria*").[328] Die erfolgreiche Exegese der Bibel sei durch die Gnade Gottes bewirkt. Die Erklärenden sollten sich nicht mit der gleichen „Autorität" (=Schwere, *auctoritas*) wie die Bibel ausdrücken, sondern sich darum bemühen, den Zuhörern mit größtmöglicher „Klarheit" (*perspicuitas*) zu berichten.[329] Werde das Gesagte dann noch immer nicht von einzelnen verstanden, seien diese entweder zu langsam oder der Stoff wäre sehr schwierig und feinsinnig.[330] Die Wortwahl und Argumentation innerhalb einer Predigt müsse also so klar und verständlich sein, dass die Zuhörerschaft alles verstehe, denn

---

[322] Eadem, S.152.

[323] Eadem, S.152-153.

[324] Damit will er stringent einhalten, was er bisher gesagt hat: Dass die Umsetzung der Dinge wichtig sei, aber die theoretischen Begriffe unwichtig.

[325] Pollmann, S.153.

[326] Das vierte Buch weist im Gesamten viele Wiederholungen von Aussagen auf, sodass nicht so eine inhaltliche Dichte besteht wie in den anderen drei Büchern. Außerdem gehören Wiederholungen zu den Tropen, weshalb Augustinus diese Vorgehensweise wohlmöglich intendiert hat.

[327] Augustinus, Lib. Quartus 4,15.

[328] Pollmann, S.153. Vgl. hierbei Cicero, *de oratore*, 3,30,118.

[329] Für die Stilqualitäten eröffnet Augustinus keinen eigenen Sinnabschnitt, sondern manche der typischen Forderungen an den Stil finden sich über das gesamte Werk verstreut wieder. Zum einen führt er den Diskurs über die Gegensätze von „*perspicuitas*" und „*obscuritas*". Zum anderem fordert er das gottgelenkte „*aptum*", deklariert den „*ornatus*" als unnötig für den christlichen Prediger und befürwortet die „*brevitas*" sowie die „*puritas*".

[330] Eadem, S.168.

in einer Predigt sei es nicht üblich, dass Zwischenfragen gestellt würden bei Unverständnis.[331] Man müsse individuell schauen, ob die Menge Anzeichen von Verständnis und Unverständnis zeige und dementsprechend nachsetzen oder zum neuen Thema übergehen bzw. die Predigt beenden.[332] Augustinus fordert also das Ideal einer relativ frei improvisierten Rede, welche flexibel auf die geistige Verfassung der Zuhörer eingehen könne. Eine fest vorbereitete Rede könne nicht individuell auf die Hörer eingehen, sodass der eine Redner willkommen sei, der auf das eingehe, was man hören/lernen wolle, und der andere unwillkommen, der nur das wiederhole, was man schon längst kenne: „Der aber ist der beste Redner, der erreichen kann, daß sein Zuhörer Wahres hört und das, was er hört, versteht." Dabei solle man unbedingt den „Überdruss" („...ne perveniatur ad taedium") des Hörers vermeiden, indem man formal und inhaltlich abwechslungsreich vortrage.[333]

Nach den drei „genera dicendi" und wie man bei ihnen verfahren sollte, geht Augustinus über zu den Stilarten (genus subtile, genus medium und genus grande). Er beschreibt den subtilen Stil als „abgestumpft, formlos und kalt" (obtunse, deformiter, frigide). Die anderen beiden fasst er mit den Eigenschaften „scharfsinnig, ausgeschmückt und leidenschaftlich" (acute, ornate, vehementer) zusammen. Beredsamkeit solle beim Lehren keine Beliebtheit bewirken, keinen Schrecken einjagen oder die Hörer zu etwas überreden (ratio suadendi), sondern es gehe darum, „Unklares zu verdeutlichen" in einer „ungefälligen rhetorischen Form." Das spreche allerdings nur sehr Lerneifrige an, aber wenn sie sich darauf einlassen und verstehen würden, „weiden sie sich an der Wahrheit selbst [...] es ist ein hervorragendes Kennzeichen guter Veranlagung, die in Worten ausgedrückt Wahrheit zu lieben und nicht die Worte an sich".[334] Denn schließlich sei die Wahrheit wichtiger als die Zeichen –sprich die Dinge seien wichtiger als die Zeichen. Dennoch muss Augustinus einlenken, dass dieses Ideal des Redens, welches nur auf die Belehrung achte, mit vielen Zuhörern nicht kompatibel sei: „Was nützt ein goldener Schlüssel, wenn er nicht öffnen kann, was wir wollen? Oder was schadet ein hölzerner..." Man müsse die Nahrung für die Zuhörer „würzen".[335] An höchster Stelle stehe im Endeffekt das Belehren (docere), die übrigen zwei seien für die Art und Weise da, wie wir sprechen.

Augustinus unterscheidet drei Arten eines Redners: Zum einen denjenigen, der zwar Weisheit habe, aber keine Beredsamkeit. Seine Reden würden den Zuhörern „nützen". Eine Seite später gibt er diesem Redner ein Rezept mit auf den Weg, wie er ob seiner fehlenden Beredsamkeit verfahren solle. Augustinus meint, dass er am besten so nahe wie möglich am Wortlaut der Bibel bleiben solle, um den Mangel an Beredsamkeit durch „das Zeugnis wahrhaft gewichtiger Dinge an Bedeutung" zu gewinnen. Die Hl. Schrift bringe ihm so viel Untermauerung, dass die Argumentationsweise die schlechte Redeweise aufwiegen könne.

Dann gebe es noch denjenigen, der ohne Weisheit unverständig Beredsamkeit besitze. Vor ihm müsse man sich besonders hüten, da er mit seiner Beredsamkeit die Hörer erfreuen und über sich selbst zu der Meinung gelangen könnte, dass er sogar noch Wahres spreche.[336] „Dieser Sachverhalt entging aber auch jenen nicht, die glaubten, daß die

---

[331] Eadem, S.170. Dass das konkret so nicht der Fall war in seinen eigenen Predigten, zeigen die bis dato überlieferten Mitschriften von Augustinus' Predigten. Dort fällt an dem, was der Kirchenvater sagt, auf, dass er durchaus in den Dialog mit den Teilnehmern trat und dass auch Zwischenfragen gestellt wurden.

[332] In „De ordine" spielt Augustinus diese Beobachtung einer Reaktion einmal an seinen Gesprächspartnern durch, welche auf seine Worte mit der gewünschten Mimik und Gestik reagieren. Siehe Paul Keseling, Über die Ordnung, S.136-137.

[333] Siehe hierzu auch Quintilian, institutio oratoria, 4,2,47 sowie 10,1,31.

[334] Pollmann, S.173.

[335] Vgl. hierzu Quintilian, institutio oratoria, 12,10, welcher ebenfalls die äußeren Würzmittel als Option vorgibt.

[336] Augustinus verweist hier auf einen Demagogen, der die Leute zu Falschem bewegen kann und an seine Ideologie glaubt. Ein in der deutschen Geschichte herausragendes Beispiel guter Volkslenkerei durch Reden,

rhetorische Kunst lehrbar sei. Sie gestanden nämlich ein, daß die Weisheit ohne Beredsamkeit den Bürgerschaften sehr wenig nütze, daß aber Beredsamkeit ohne Weisheit meistens allzusehr schade und niemals nütze".[337]

Der beste Redner sei der, der sowohl Weisheit besitze als auch Beredsamkeit. Für den besten Redner macht Augustinus auch eine dreigliedrige Steigerung: Je weiser ein guter Christ sei, desto mehr verstehe er den wahren Sinn der Bibel. Er sei der beste der drei Arten des optimalen Redners, wenn er dazu noch die Bibel auswendig zitieren könne. Zur Schulung seines Könnens könne er sogar einige Rhetoriklehrer anhören oder lesen, wenn diese jedoch sowohl weise als auch beredsam seien. Der zweitbeste sei der, der „mit dem Kern des Herzens" die Bibel in manchen Teilen verstehe und die Bibel weniger auswendig kenne. Der schlechteste der drei besten Redner sei der, der nicht den Inhalt der Bibel zu verstehen suche, sondern nur alles auswendig lerne.[338]

Der beste Redner ist für Augustinus also der weise und beredsame Redner. Er lobt die Kombination aus Weisheit, die „heilsbringend" sei, und Beredsamkeit, die das Gesagte „angenehm" mache: „Aber was ist besser als heilbringende Süße..." Im Großen und Ganzen jedoch wird aus allem heraus klar, dass letztendlich die Weisheit für ihn wichtiger ist als die Beredsamkeit.

Es schiebt sich ein Exkurs zu den kanonischen Schriften und ihrer Weisheit und Beredsamkeit ein. Nach alter Manier stellt Augustinus, um einen Themenwechsel anzuregen, eine rhetorische Frage, auf die er sofort selbst eine Antwort gibt: Es geht darum, ob die Hl. Schrift sowohl weise als auch beredsam genannt werden könne: „Und ich wage zu sagen, daß alle, die richtig verstehen, was jene sprechen, ebenso erkennen, daß diese nicht anders sprechen dürften".[339] Man könne nur von Beredsamkeit sprechen, wenn diese zum Redner passe. Ein alter Mensch müsse anders sprechen als ein Junger. Und einer von Gott Inspirierter müsse wiederum auf seine eigene Weise sprechen: *„Haec illi locuti sunt, nec ipsos decet alia nec alios ipsa. Ipsis enim congruit."*[340] Je niedriger eine Redeweise in der Bibel erscheine, umso mehr übertreffe sie andere nicht durch Aufgeblähtheit, sondern durch die Festigkeit ihrer inhaltlichen Substanz. In dunklen Stellen sei dementsprechend die Beredsamkeit nicht so deutlich zu erkennen, aber Augustinus geht davon aus, dass sie dieselbe Qualität wie bei offensichtlichen Stellen hätten. Er stellt ein Bild auf: Man könne sich vorstellen, wie die Weisheit aus ihrem eigenen Haus, d.h. aus dem Herzen der Weisen, hervorkomme und wie die Beredsamkeit ihr wie eine unzertrennliche Dienerin folge. Zur Illustration der durchaus vorhandenen rhetorischen Form des biblischen Ausdrucks nennt Augustinus auf den kommenden Seiten zwei Beispiele und analysiert diese nach einigen Kriterien der paganen Rhetorik.[341] Dies jedoch nicht nach allen, da es ihm zu viel des Guten wäre bei der Vielzahl der Redefiguren. Er empfände es auch als Prahlerei an dieser Stelle und verweist auf die Rhetoriklehrer, die hochgeschätzt seien und teuer bezahlt werden würden und ihre Dienste

---

jedoch ohne die nötige Weisheit, ist Adolf Hitler. Noch bis heute ist dieses Phänomen vor allem auf dem politischen Parkett sichtbar. Tertullian schrieb in seinem Werk „Gegen die Valentinianer", Kap. 1: „Sie verstehen die Kunst, die Leute zu bereden, ohne sie zu belehren. Die Wahrheit hingegen überredet durch Belehrung, aber sie belehrt nicht durch Überredung."

[337] Vgl. hierzu Cicero, *De inventione*, 1,1.

[338] Pollmann, S.154-155. Für den schlechtesten der besten Redner stellt sich bei näherem Nachdenken die Frage, was an ihm überhaupt noch Weisheit sei. Cicero hat den *„orator perfectus"* selbst definiert. Siehe hierzu Cicero, orator, 7-19: *„Atque ego in summo oratore fingendo talem informabo, qualis fortasse nemo fuit. non enim quaero, quis fuerit, sed quid sit illud, quo nihil possit esse praestantius, quod in perpetuitate dicendi non saepe atque haud scio an nunquam, in aliqua autem parte eluceat aliquando, idem apud alios densius apud alios fortasse rarius [...]"*

[339] Eadem, ibidem.

[340] Augustinus, Lib. Quartus VI, 26.

[341] Pollmann, S.157-162.

mit großer „Prahlerei" verkauften: „Nach dieser Prahlerei fürchte auch ich zu riechen, wenn ich darüber so spreche."[342]

„Denn diese Dinge sind nicht durch menschlichen Fleiß zusammengestellt worden, sondern sowohl weise als auch beredt aus dem göttlichen Geist hervorgeströmt, wobei nicht die Weisheit auf die Beredsamkeit Rücksicht nimmt, sondern die Beredsamkeit nicht von der Weisheit abweicht." Was in der Redekunst gelernt, aufgezeichnet und ins Lehrsystem aufgenommen werde, sei vorher in den natürlichen Anlagen der Redner gefunden worden.[343] Natürlich müsse man dementsprechend die Weisheit und Beredsamkeit in den Bibeltexten finden, da sie ja vom Schöpfer der natürlichen Anlagen eingegeben worden seien.

Es gebe schwer oder gar nicht zu verstehende Bibelstellen. Diese seien nur selten oder gar nicht dem Volk zu präsentieren. Gebe es aber doch einen Lerneifrigen, dann solle man sich bemühen, mit möglichst „großer Transparenz" (perspicuitas) zu erklären, da die Belehrung wichtiger sei als die Beredsamkeit. Ein sorgsames Streben nach Beweisfähigkeit vernachlässige manchmal die gepflegtere Wortwahl und wolle nur die Sache gut einprägen. Augustinus zitiert hier Cicero ohne ihn namentlich zu nennen, da jener gesagt habe über diese Art des Redens, dass sie eine „sorgfältige Nachlässigkeit" enthalte.[344] Dunkle und zweideutige Worte des Lateinischen seien eindeutig zu übertragen (Barbarismen. Solözismen vermeiden) und zwar in die Wortwahl des einfachen Volksmundes, um verständlich erklären zu können. Korrektheit der Redeweise nütze nichts, wenn der Verstand der Adressaten dem nicht folgen könne. Die Dinge zu verstehen sei wichtiger als Korrektheit der Grammatik.[345]

Erneut –nur dieses Mal in ausführlicher Fassung- untersucht Augustinus die drei „genera dicendi" und die dazugehörigen Hörertypen. Man müsse als Redner belehren, erfreuen und erschüttern können. Es sei notwendig zu lehren, gefällig zu erfreuen und ein Sieg zu erschüttern: „Docere necessitatis est, delectare suavitatis, flectere victoriae."[346] An erster Stelle stehe eindeutig die Belehrung, denn sie handle von den Dingen und wie der Leser zuvor schon erfahren durfte, gereiche für manche Leute die Wahrheit zur Freude und reiche als Redestil aus. Die übrigen zwei würden sich auf die Art und Weise beziehen, wie gesprochen werde. Jene seien nicht so wichtig.[347] Belehren (docere) könne man nur, wenn der Hörer es verstehe (Du-Orientierung).[348] Sonst hätte der Hörer es irgendwie verstanden, aber nicht so, wie es gemeint gewesen sei. Ergo habe man ihm auch nichts beigebracht. Sofern der Redner den Rezipienten auch erfreuen wolle bzw. müsse (delectare), dann um dessen Aufmerksamkeit zu erhalten.[349] Um den Zuhörer zum Handeln zu bewegen, müsse er erschüttert werden (movere).[350] Denn: "Wie es erfreut, wenn der Redner angenehm spricht, so wird man erschüttert, wenn man schätzt, was der Redner verspricht, wenn man fürchtet, was er androht, haßt, was er anklagt, freudig empfängt, was er empfiehlt, betrauert, was er als betrauernswert hervorhebt, sich über das freut, was er als Anlass zur Freude preist [...] und was auch immer sonst noch durch die Beredsamkeit im erhabenen Stil erreicht werden kann,

---

[342] Eadem, S. 162.
[343] Das zieht wieder einen Bogen zurück zu der Stelle, wo Augustinus meint, dass man durch die natürliche Begabung schon alle Figuren automatisch anwende –dies mit Hilfe der Praxis und des „ingeniums" und ohne die Theorie. Siehe hierzu auch Quintilian, institutio oratoria, 4,3,4,10ff.
[344] Vgl. hierzu Cicero, de oratore, 23,78.
[345] Vgl. hierzu Tertullian, Gegen die Valentinianer, Kap. 2: „Weniger Wissen ist besser als schlechtes Wissen."
[346] Augustinus, Lib. Quartus XII 27,74.
[347] Pollmann, S.172.
[348] Gemeint ist das „genus subtile".
[349] An dieser Stelle spricht Augustinus vom „genus medium", dessen Ziel es ist, das Wohlwollen der Zuhörer zu erreichen (captatio benevolentiae). Die positive gemäßigte Gefühlsregung (Affekt) der Hörer ist hierbei das ‚Ethos'.
[350] Die höchste Stufe der Erregung ist das sog. „genus grande", dessen Gefühlsebene auf das „Pathos" des Hörers gerichtet ist.

um die Gemüter der Zuhörer zu erschüttern [...] damit sie das tun, wovon sie bereits wissen, daß es getan werden muß."[351] Sie wüssten es, weil sie zuvor vom Redner belehrt worden seien. Die Überzeugung (*persuasio*) gehöre natürlich –so Augustinus- dazu, wenn der Hörer zunächst nicht derselben Meinung gewesen sei. Es sei nämlich nur möglich zum Handeln zu bewegen, wenn die Hörer wüssten, worum es gehe, da sonst eine Belehrung hätte vorangeschaltet werden müssen.[352]

Wenn die Belehrung reiche, sei es gut. Falls die jedoch nicht ausreiche, dann müsse die Erregung genutzt werden. Das Erfreuen sei nicht unbedingt von Nöten, da, wenn durch die Rede Wahres gezeigt werde, "die geoffenbarten wahren Dinge (durch sich selbst) erfreuen, eben weil sie wahr sind."[353] Zusammenfassend will Augustinus seinen Lesern also mitteilen, dass für den christlichen Prediger, im Gegensatz zum gewöhnlichen Redner, nur die belehrende, schlichte Stufe sowie die höchste Stufe der Erregung wichtig seien.[354]

Die Abgrenzung der christlichen Predigt von der paganen Rhetorik wird noch um einiges deutlicher in der Kategorisierung Augustinus' in die verschiedenen Hörertypen:[355] Den ersten Hörer, den die Wahrheit an sich erfreuen könne, brauche man nur zu belehren. Augustinus spricht hier von einem „ernsten Volk", dem selbst das Erfreuen zu viel werde. Er spielt eindeutig auf die Christenheit an, denn kurz darauf spricht er von der "Nüchternheit der christlichen Bildung", die die Sprache von der Überfülle befreie.[356] Man nutze eine "würdigere und zurückhaltendere Beredsamkeit". Sie werde vom Leser geliebt und sei kaum nachzuahmen.[357] Dennoch betont Augustinus schließlich, dass der christliche Redner durchaus in der Lage sei mit weniger großer Zurückhaltung zu sprechen, dies aber mit bewusstem Urteil vermeide. Alle pompöseren Bibelstellen seien nur dazu da, um zu demonstrieren, dass es die Potenz gebe.[358]

Der zweite Hörertypus gelte den Leuten mit „Trägheit" (*fastidientibus*). Denen gefalle die Wahrheit nicht, wenn die Rede nicht auf erfreuliche Weise vorgetragen werde. Diese grenzt er von der christlichen Gemeinschaft ab.

Dann gebe es noch die "Starrsinnigen" (*duris*), denen "es weder genützt hat, lediglich zu begreifen, noch durch den Redestil des Redners erfreut worden zu sein". Diese würden zwar das Wahre bekennen und die Redeweise loben, aber für eine "Überzeugung" habe es nicht gereicht, was letztlich das Ziel eines jeden Redners sei: Zu überzeugen. Um den Hörer zu einer Handlung zu bringen und somit zu siegen, müsse also noch erschüttert werden. Später im Buch[359] zeigt Augustinus ganz klar die Abstufung, wie er sie empfindet: Die Wahrheit stehe an erster Stelle vor dem Verstehen, dem Gefallen und dem Erschüttern. Das sei das „oberste Gebot", nach welchem Reden gehalten werden sollten.[360]

---

[351] Pollmann, S.172-173.
[352] Eadem, S.173.
[353] Eadem, S.174.
[354] Es ist erkennbar, dass Augustinus nach seiner Präsentation der zur Verfügung stehenden „Waffen" eine Abgrenzung der christlichen von der paganen Rede versucht, indem er das „genus medium" aus dem christlichen System zu eliminieren versucht.
[355] Er versucht in seinen bisher doch recht konfus geführten Eingangstext eine Ordnung reinzubringen, denn die „*genera dicendi*" und die Redestile waren zuvor weder in der richtigen Reihenfolge aufgeführt noch in fest begrenzte Abschnitte eingeteilt, sondern mal hier und mal da in Absätze eingebaut. Hier wird deutlich die abweichende Machart des vierten Buches zu den ersten drei klar.
[356] Pollmann, S.176.
[357] Wieder vertritt Augustinus die Einzigartigkeit des Bibeltextes.
[358] Eadem, idem.
[359] Eadem, S.175.
[360] Eadem, S.176.

Der christliche Redner bildet im vierten Buch einen weiteren thematischen Komplex. Dieser dürfe nur „Gerechtes, Heiliges und Gutes" sagen. Die Hörerschaft solle seiner Rede mit „Verständnis, Bereitwilligkeit und Gehorsam" lauschen. Bevor er jedoch zum Redner (dictor) werde, solle er zum Beter (orator) werden[361]: Er solle „seine dürstende Seele zu Gott erheben, damit er ausspeien kann, was er getrunken hat."[362] Hier wird die Gotteseingebung wieder aufgegriffen. Bei der improvisierten von Augustinus geforderten Rede, wo man auf die Hörertypen und Redegegenstände individuell eingehen müsse, ist es für Augustinus klar, dass das Gebet zu Gott nötig sei: Denn nur der Herr könne in die Herzen aller blicken und dem Prediger helfen zu wissen, mit wem er es zu tun habe. Durch Gott solle alles gelernt werden, was gelehrt werden müsse und er möge die Fähigkeit zu sprechen erwerben, wie es sich für einen Kirchenmenschen zieme. Der christliche Prediger solle darauf vertrauen, dass im rechten Moment der Hl. Geist aus ihm heraus spreche. Eine vorherige genaue Planung dessen, was man sagen wolle, sei nicht erforderlich.[363]

Der Mensch gebe zwar Körper, Stimme und Fähigkeit (ingenium), aber Gott gebe den Anstoß zum Wachstum. Augustinus geht mit seiner Erklärung in die Medizin. Heilmittel für den Leib könnten nur helfen, wenn Gott die Gesundung gewähre: „Ebenso nützen auch die Hilfsmittel der Gelehrsamkeit, die durch Menschen vermittelt werden, der Seele nur dann, wenn Gott gewährt, daß sie nützen..."[364] Der Lebensstil des Predigers sei dabei entscheidend. Er könne nicht wirklich andere von einem guten Leben überzeugen, wenn er es selbst nicht auch führe. Es würde nachgefragt werden, wieso er etwas predige, was er selbst nicht tue. So einer würde wenig nützen und er würde nur zu seinem eigenen Vorteil reden. Er würde nur scheinen gut zu sein.[365] Am meisten nütze der, der einen guten Lebensstil führe und diesen auch predige. Er würde der Wahrheit folgen, die ganz oben über allem stehe. Der gute Lebensstil sei wichtiger als ein guter Redestil. Der gute Lebensstil allein könne sogar die Funktion der Beredsamkeit einnehmen.[366]

Wer schwer eine Rede konzipieren könne, aber beredsam und ein guter Mensch sei, der solle Verse aus der Bibel hernehmen und diese vortragen. Das sei kein Diebstahl, denn die Worte Gottes seien für ihn nicht fremd. Einer, der ein schlechter Mensch sei, der würde Diebstahl begehen, denn er hätte Worte übernommen, hinter denen er selber nicht stehe und die ihm fremd seien. Wer einen anderen allerdings zum Konzipieren einer Rede beauftrage, möge für

---

[361] Augustinus betreibt hier ein kleines Wortspiel, denn „orator" heißt sowohl Redner als auch Beter.

[362] Pollmann, S.177.

[363] An dieser Stelle schließt Augustinus für den christlichen Redner die Nezessität aus, dass eine Predigt zuvor genau geplant wird, d.h. für ihn kommt die Idee des „aptum", welche die Angemessenheit ausgerichtet nach Ort, Zeit und Personen meint, nicht als selbstinitiierter Prozess infrage. Im Hinblick auf die einzelnen Fertigungsschritte einer Rede, nämlich die von der paganen Rhetorik etablierten Stufen wie die „inventio", „dispositio", „elocutio", „memoria" und „pronuntiatio", sieht er für den christlichen Prediger nicht alle. Die „inventio", die das Auffinden des Stoffes meint, verliert dadurch ihre Relevanz, dass Augustinus nur die Kirchentexte –allen voran die Hl. Schrift, als lesens- und belehrenswert ansieht. Die „dispositio", welche die Gliederung des Stoffes meint, hat für Augustinus' improvisierte Rede schon eine Bedeutung, da er im Abschnitt zur Dialektik, Logik und logischen Argumentation selber zugibt, dass diese zum Verständnis und somit zum „Verständigen" der Bibel in Maßen nutzbar seien. Dass die „elocutio" zu manchen Teilen selbstinitiiert und zu manchen Teilen vom Hl. Geist gelenkt wichtig bleibt, zeigt sich bereits hier als auch im weiteren Verlauf des vierten Buches. Eine Gedächtnisleistung, wie sie im Schritt zur „memoria" passiert, ist, wie zuvor schon erklärt wurde, für die Stufe des besten Redners notwendig, welcher zwar weise ist, aber nicht alle Bedeutungen durchblickt hat. Dieser müsse mehr die Verse an sich auswendig lernen. Dass das Halten der Predigt (pronuntiatio) für Augustinus von Bedeutung ist, ist vor dem Hintergrund des vierten Buches nicht zu hinterfragen.

[364] Pollmann, S.178.

[365] Eadem, S.205-207.

[366] Quintilan nennt ebenfalls die Tugenden, die ein Redner besitzen sollte: Iustitia, fortitudo, abstinentia, temperantia und pietas. Siehe hierzu Quintilian, institutio oratoria, 12,2.

den anderen beten, dass Gott diesem die richtigen Worte eingebe. Wie Augustinus schon einmal sagte, sei ein Gebet zu Gott vor der Rede unerlässlich, da dieser uns in Form des Hl. Geistes die passenden Worte im rechten Moment eingebe –individuell auf das Publikum zugeschnitten. Der andere könne hierbei auch ein Ungläubiger sein und Diebstahl an der Bibel begehen, aber letztlich würde er dem gläubigen Auftraggeber das Seinige übergeben.

Über mehrere Seiten hinweg hat Augustinus die Aufstellung der Stilgattungen und rhetorischen Vorschriften von Cicero aufgegriffen und man könnte bis dahin meinen, dass er sich zwar weigerte die Begriffe zu nutzen, aber der Sache doch in vielen Teilen gefolgt sei. Nun macht er aber erstmals eine deutliche Distanzierung von Ciceros System (Abgrenzung von christlichen gegen pagane Themen): Er meint, dass die Stoffe Ciceros auf die juristischen Reden anwendbar seien. Es gebe in Prozessen kleinere Delikte (*genus subtile*) und ganz große Fälle (*genus grande*). Dann gebe es noch die Momente, wo man nur erfreuen wolle, was die mittlere Art darstelle (*moderata*).[367] Die christlichen Redner dagegen würden, da sie über die Hl. Schrift referierten, stets bedeutende Dinge sagen. Es gehe schließlich um das ewige Heil der Zuhörer. Auch wenn der Prediger über kleine Dinge wie Geldbeträge spreche, sei dieses Kleine doch von erhabener Bedeutung: „Wer in kleinen Dingen treu ist, wird auch in großen treu sein".[368]

Augustinus stellt sich selbst die Frage, wie ein Prediger sprechen solle ob der erhabenen Themen. Wenn ein „Lehrer" (*doctor*) auch „Redner" (*dictor*)[369] von bedeutenden Dingen sein müsse, müsse er sie nicht immer im erhabenen Stil vortragen, sondern verhalten, wenn er etwas lehre (Katechese), gemäßigt, wenn er etwas tadele oder lobe oder etwas verkünde (Kerygma) und wenn etwas getan werden müsse, worauf die Hörer nicht reagieren, dann müsse er erhaben sprechen zur Erschütterung der Gemüter. Für den verhaltenen Redestil sei die Dialektik zu nutzen. Der verhaltene Stil sei zu gebrauchen, da es nichts Größeres als Gott gebe und da eine so schwere Sache so weit wie möglich verstanden werden müsse. Es würden Beweise statt Ausschmückungen zählen und Unterweisung statt Erschütterung.[370]

„Es gehört also zur Aufgabe des Lehrens, nicht nur Verborgenes zu erschließen und die Knoten von Fragen zu lösen, sondern auch, während man dies tut, andere Fragen vorwegzunehmen, welche vielleicht auftauchen, damit sie nicht das, was wir sagen, widerlegen […] vorausgesetzt allerdings, daß wir auch eine entsprechende Lösung für diese Fragen haben…"[371] Dass die Argumentationskette bei diesem Vorgehen allerdings enorm lang wird, gesteht Augustinus zu. Da sei für ihn jedoch ein „zuverlässiges und gut funktionierendes Gedächtnis" unerlässlich, um den Faden nicht zu verlieren.[372]

---

[367] Pollmann, S.181.

[368] Augustinus zitiert hier Lk 16,10.

[369] *„Doctor"* und *„dictor"* zeigen die enge Verbindung von lernen und weitervermitteln für Augustinus.

[370] Einerseits versucht Augustinus gemäß eines Lehrbuches auf objektive Weise ein Regelsystem für den christlichen Prediger aufzustellen, indem er auf Basis der paganen Rhetorik (vor allem Ciceros) seine Ideen und Gedanken zieht. Andererseits kann er sich vielerorts nicht zurückhalten und gibt klar seine Meinung und Präferenzen vor.

[371] Augustinus geht hier in den Bereich der *„dispositio"*, indem er logische Argumentationsketten zur Vorbereitung fordert. Diese Stelle erinnert sehr an Quintlians Forderung, dass der Redner sich bis ins kleinste Detail auf den juristischen Fall vorbereiten solle, damit er jeder Nachfrage mit Beweisen entgegenstehen könne. Siehe hierzu Quintilian, *institutio oratoria*, 12,8,12-14.

[372] Der im 19. Jahrhundert entwickelte Kunstbegriff der Mnemotechnik dreht sich um die Methoden, Dinge ins Gedächtnis einzuprägen. Cicero schreibt Simonides von Keos die Erfindung der Gedächtniskunst zu, welcher nach einem Gastmahl in der Lage gewesen sein solle, für jeden Gast zu rekonstruieren, wo er gesessen habe, da nach Einsturz des Gebäudes die Identifizierung der Leichname von Nöten geworden sei. Siehe hierzu Cicero, *de oratore*, 2, 86, 351. Auch andere erwähnen die Sage um Simonides wie Quintilian, Plinius, Ammianus und Weitere.

Zur Aufgabe des Delektierens zeigt Augustinus einige biblische Beispiele, die dem gemäßigten Stil entsprechen. Dabei hebt er die Wendung „*pulchra dictio*" als charakteristisch hervor. Beim gemäßigten Redestil liege der Fokus auf der vollkommenen sprachlichen Form für die am meisten angemessene Wiedergabe eines Gedankens unter Einsatz rhetorischer Mittel, insbesondere unter Nutzung der Stilfiguren (*figurae verborum*). Der erhabene Stil dagegen habe seinen Schwerpunkt in der effektvollen Anordnung der Gedanken (*figurae sententiarum*).[373]

„Nüchternerweise muß man bekennen, daß jene Ausschmückung der Redeweise, die durch rhythmische Satzklauseln erreicht wird, unseren Bibelautoren fehlt. Ob dies durch die Übersetzer geschehen ist oder (was ich eher glaube) jene absichtlich eine solche Beifallshascherei gemieden haben, wage ich nicht definitiv zu entscheiden, weil ich zugebe, nichts davon zu verstehen."[374] Die Aufgabe des Erschütterns gewinne durch die „Leidenschaften des Geistes Gewalt."[375] Sie enthalte beinahe jede Ausschmückung, doch liege der Fokus mehr auf der „Gewalt der Argumente" (*res*) und nicht auf der „Zierde" (*ornatus*).[376] Augustinus nutzt zur Verdeutlichung des erhabenen Stils eine Metapher, in der einer mit einem edelsteinbesetzten Schwert in die Schlacht ziehe. Dieser kämpfe damit, aber nicht, weil es wertvoll sei, sondern weil es eine Waffe sei, die er im Kampf benötige. Augustinus sagt, dass der Zorn alles zur Waffe mache, was er ergreife.[377]

Zur Mischung der drei Ausdrucksarten sagt Augustinus: „Und es soll niemand glauben, daß es gegen die Lehren der Rhetorik sei, diese Stilarten zu mischen; sondern insoweit es angemessen geschehen kann, muß eine Rede durch alle Stilarten variiert werden."[378] Im Weiteren erklärt er, dass eine Rede besser aufgefasst werde, wenn man nicht monoton bei einem Stil bleibe, sondern innerhalb der Rede wechsle. Es komme eben auf die „Aufmerksamkeit" des Hörers an.[379] Dennoch sei, wenn man bei einem Stil bliebe, der verhaltene Stil derjenige, den man am längsten ertragen könne.[380] Zur Art, wie die Vermischung stattfinden solle, stellt Augustinus fest, dass ein guter Redner wissen müsse, in welchem Moment er welchen Stil gebrauchen müsse. Vor allem geht er dabei auf den Wechsel zwischen verhaltenem und erhabenen Stil ein, welche er für die beiden wichtigen Stile hält im Gegensatz zum mittleren, erfreuenden Stil[381], und vergleicht das mit einer Meeresbrandung, die im ständigen Auf- und Abbranden ist. „Es ist nämlich wichtig zu wissen, welche Redeweise mit welcher kombiniert werden darf oder an bestimmten und notwendigen Stellen verwendet

---

[373] Vgl. hierzu Cicero, *orator*, 12,38-13,40; 49,163-165.
[374] Pollmann, S.188. Augustinus propagierte in anderen Büchern, dass man nur an der Bibel richtig forsche könne, wenn man die Sprachen beherrsche. Er kann sie jedoch nicht und daher kann muss er an dieser Stelle zugeben, dass er es nicht nachweisen kann. Seiner alten Aussage widerspricht dies hier auch ein wenig, da er behauptete, dass die Autoren der Bibel alle Stile und alle Figuren beherrscht hätten. Nun fiel ihm anscheinend doch eine Ausnahme ein, die er aber nicht selbst verifizieren kann. Stattdessen zeigt er auf, wie man theoretisch in der Prosarhythmik die Satzschlüsse der biblischen Autoren anordnen müsste, um zu zeigen, dass jene in Wahrheit alle Dinge der Rhetorik und Grammatik beherrschten. Wieder ist es ihm sehr wichtig die unzweifelhafte Glaubwürdigkeit und Erhabenheit der Bibel zu verteidigen. Mit seiner Kombination aus Kretikus und Ditrochäus bei „*ne in concupiscentiis feceritis*" zeigt er deutlich seine rhetorische Vergangenheit als Redner und Lehrer.
[375] Eadem, S.189.
[376] Vgl. hierzu Quintilian, *institutio oratoria*, 12,10,61.
[377] „Vgl." hierzu Vergil, *Aeneis* 7,503-508: „Silvia selber zuerst, mit den Händen die Arme zerschlagend, ruft um Hilfe laut die derben Bauern zusammen. Diese (denn heimlich verbarg sich in schweigenden Wäldern allekto) nahen geschwind, die einen mit Knitteln, gehärtet im Feuer. Andre mit Keulen, knotig und schwer, was jedem zur Hand war, macht zur Waffe der Zorn."
[378] Die „*variatio*" haben auch Cicero, *orat*., 29,103 und Quintilian, inst. orat., 12,10,71 aufgegriffen.
[379] Pollmann, S.199.
[380] Wieder hält Augustinus ein Plädoyer für diesen Stil. Zum Vergleich siehe Cicero, *orat*. 28,98f.
[381] Siehe hierzu Fußnote 184.

werden muß."[382] Dennoch werde die Rede demjenigen Stil zugerechnet, der mengenmäßig überwiege. Er wiederholt, dass das zuvor Gesagte, dass nämlich für eine ernste Argumentation und die Wahrheitsfindung stets der verhaltene Stil genutzt werden solle („*In quocumque autem genere aliqua quaestionum vincula solvenda sunt, acumine opus est, quod sibi summissum genus proprie vindicat.*")[383], zum Erfreuen, Tadeln oder Loben der gemäßigte und zum Erschüttern und Antreiben einer Handlung der erhabene Stil.

Neu ist für die Erklärung des erhabenen Stils, dass dieser nicht typischerweise Beifall oder Jubel erzeuge –dies könnten die anderen beiden auch- aber er könne Schweigen und Tränen erreichen. Augustinus erzählt von einer erhabenen Rede, die er vor einem Publikum gehalten habe, das einem blutigen Ritual frönte. Als er festgestellt habe, dass man schwieg und das Publikum Tränen in den Augen hatte, habe er gewusst, dass er gesiegt hätte. Um den Sieg des Erreichten nicht zu verderben, solle man die Rede einfach beenden.[384] Diese Veränderung des Lebensstiles der Menschen, wie er sie in dem Beispiel aufführte, könnten auch die anderen beiden Stile bewerkstelligen. Es komme auf die Menschentypen an.

Wieder wertet Augustinus die gemäßigte Sprachweise ab. Schlecht sei sie, wenn sie um ihrer selbst willen praktiziert werde (Panegyrik, Deklamation, „Wortgeklingel", „schwelgen", *ornatus*). Sie tauge dazu, den Dingen, die nützlich und sittlich ehrenwert gesagt würden, beizustehen, indem sie durch ihre Sympathieerregung den anderen beiden dazu verhelfe, dass jene den Zuhörer zu einem besseren Denken oder Leben bringen könnten (bereitwillig, nicht Beifall heischend).[385] Schließlich mündet Augustinus' Text wieder darin, dass der verhaltene Stil der wichtigste sei. Er verwendet eine Metapher für den christlichen Prediger: Ein nackter Mann, ungeschmückt und unbewaffnet, zerschlage dennoch seinen Gegner mit den muskulösen Armen. Auch der christliche Prediger müsse sich im verhaltenen Stil darum bemühen, Verständigkeit, Bereitwilligkeit und Gehorsam zu erzielen.[386] Eine kurze, klar verständliche Erzählung und deren abwechslungsreiche Präsentation lasse die Zuhörer ohne Langeweile horchen.[387] Dabei präge sich die Absicht leicht ein. Die Redekunst sei als Instrument zu verstehen, mit dem das Verstandene weiterzugeben sei und nicht, um zu verstehen.

VI.IV.II Fazit zu "De doctrina christiana"

„Though he is sometimes credited with a didactic, Greek-influenced work on classical rhetorical theory, he is particularly famous for his „*De doctrina christiana*", which has been called the first manual of Christian eloquence, a kind of Christian *De Oratore*. Despite its author's great familiarity with the Greco-Roman tradition, and despite his own intentions, „De doctrina christiana" introduces a new kind of tension between "truth" and "rhetoricity", thus marking out the territory of medieval rhetoric in ways that are potentially very different from the field in which that tradition operated. Indeed, Augustine's treatise, often errorieously described as the first of the medieval "arts of preaching", is in some senses a revolutionary work as it attempted to

---

[382] Pollmann, S.200.

[383] Augustinus, *De doctrina christiana*, Lib. Quartus XXIII, 52,136.

[384] Rhetorische Technik, die Wirkung des Erreichten nicht zu verderben. Quintilian hat sich über die Pensionierung des Redners Gedanken gemacht, der rechtzeitig den Rückzug antreten solle ehe er Gefahr laufe, eine Rede zu halten, die schlechter sein könnte als eine Vorherige.

[385] Pollmann, S.203-204.

[386] Vgl. hierzu auch Quintilian, *institutio oratoria*, 5,12,17.

[387] Hier fordert Augustinus einige der aus der paganen Rhetorik stammenden Stilqualitäten wie die „*variatio*", die „*brevitas*" und die „*perspicuitas*".

divert rhetorical attention away from Greco-Roman technical precepts, toward imitation based on persuasive and exemplary biblical models", heißt es in einem Aufsatz von John O. Ward zur Einstufung der augustinischen Leistung in der Abhandlung „De doctrina christiana".[388] Andernorts nennt er ihn sogar einen Revolutionär. In mancherlei Aspekten würden auch andere Forscher (u.a. Marrou) der Feststellung Wards zustimmen, dass Augustinus in seiner Konzeption der christlichen Beredsamkeit avantgardistisch gewesen sei.

Dabei ist nicht alles neu an seiner Theorie. Übernommen ist die Prämisse, dass die Beredsamkeit (*eloquentia*) eine natürliche Begabung sei und dass alle theoretischen Regeln ihr Fehlen nicht ersetzen könnten. Wirklich charakteristische Entlehnungen der klassischen Theorie sind ebenso die drei Stilarten (*genera dicendi*) und die drei Ziele der Beredsamkeit (*docere, delectare, movere*). Je nach dem, ob der christliche Redner bewegen, gefallen oder lehren wolle, müsse er sich des entsprechenden Stils bedienen. Dennoch proklamiert Augustinus, dass der christliche Glaube gewisse Abwandlungen in der Nutzung der Regeln erfordere. Zu belehren sei fast immer notwendig –zu bewegen mitunter. Die Stilstufe des Gefallens sei niemals notwendig, sondern könne allenfalls nützlich sein. Dennoch gibt Augustinus dieser den Anschlag des Überflüssigen und das *genus temperatum* solle grundsätzlich wenig angewendet werden.

Trotz aller Anlehnungen ist die christliche Beredsamkeit, wie Augustinus sie hier darstellt, etwas ganz anderes als die Redekunst (Rhetorik), deren Regeln in der profanen Schule kodifiziert worden waren. Er differenziert in den Begriff der religiösen Beredsamkeit, deren Ziel und Gegenstand übernatürlich ist. Außerdem nimmt er eine generelle Trennung vor zwischen beiden Begrifflichkeiten: Er trennt das Regelsystem der Rhetorik von der Fähigkeit der Beredsamkeit. Und während Cicero die Rhetorik alleine nicht für ausreichend gehalten hat, geht Augustinus so weit zu sagen, dass sie überhaupt nicht notwendig sei. Damit versucht er mit einer etwa achthundertjährigen Tradition im Bildungssystem zu brechen und sich dem entgegen zu stellen, was die Menschen lange Zeit für etwas Wesentliches in der Bildung hielten. Augustinus sucht einen Ausbildungsgang zu entwickeln, der eben von der Kenntnis der rhetorischen Vorschriften bewusst absieht.[389]

Die Heilige Schrift zu studieren und zu verstehen ist für Augustinus die wichtigste Aufgabe eines jeden Christen. Sie liefere nicht nur die für das Seelenheil notwendigen Wahrheitseinsichten, sondern biete auch die für die christliche Predigt erforderlichen Vorbilder (*imitatio, exempla*) wie den Apostel Paulus.[390] Ihre Inhalte seien für eine fruchtbringende Belehrung des Auditoriums schon genug und würden nicht unbedingt weiteren Schmuckes oder Pathos bedürfen.[391] Ein Erkennen, wie eine gute christliche Predigt oder ein vorbildliches christliches Werk zu schreiben sei, könne ganz allein durch das intensive Lesen der Heiligen

---

[388] J. O. Ward, *Roman Rhetoric and it's afterlife*, S. 355-356.

[389] Marrou schrieb dazu: Dies alles steht im Gegensatz zur antiken Pädagogik, die sich mühte, das Funktionieren der Redekunst bewusst zu machen, die ein System von Regeln hatte, das von allen anerkannt und übernommen wurde und allen geistig Schaffenden einen einheitlichen Bildungsrahmen auferlegte.

[390] Augustinus, *De doctrina christiana*, Lib. Quartus ,6,9-7,21

[391] An anderer Stelle geht Augustinus sogar so weit zu sagen, dass die Beredsamkeit überhaupt nicht notwendig sei und dass der Heiligen Schrift eine eigene natürliche Eloquenz anhafte: „*prodest audientibus etiamsi minus, quam prodesset, si et eloquenter posset dicere.*" (*De doctrina christiana* 4,5,7) Derjenige, der sich also der höchsten Beschäftigung –nämlich dem Studium der Bibel- widmet, erntet eine doppelte Frucht: Er schafft einmal die Erkenntnis der *res* und einmal erlangt er die Beherrschung der *verba*.

Schrift passieren. Augustinus hat auch hierbei ein Stufensystem entwickelt, dass die auf diese Weise gewonnenen Wahrheitseinsichten das höchste Ziel seien, dass die Lehre und Weitergabe dieser Einsichten aber nicht unmittelbar eine christliche Forderung seien. Gewiss mache die in den vorherigen Büchern von „De doctrina christiana" postulierte Nächstenliebe aus der Weitergabe doch eine Pflicht –dann jedoch nur für diejenigen, die von der Kirche den Auftrag zum Lehren erhalten hätten.

Die Einstufung der Eloquenz als ein Werkzeug zur Weitergabe der Wahrheitseinsichten durchläuft in Augustinus' Lehre als nächste Instanz den christlichen Redner bzw. Schriftsteller, der auch nur als Vermittler und damit Werkzeug für das übernatürliche Ziel fungiert. Dabei macht Augustinus aus der Beredsamkeit weder ein Gut noch ein Übel: Vielmehr hänge alles von ihrem Gebrauch ab. Dem donatistischen Cresconius, der ihm das Aufgebot an Beredsamkeit in seiner Schrift „Contra litteras Petiliani" vorgeworfen hat, antwortete er, dass man sie nicht unter dem Gedanken verurteilen dürfe, dass sie auch üblen Zwecken dienen könne. Sie sei vielmehr wie eine Waffe, derer sich sowohl der Soldat als auch Rebell bedienen könnten. Oder sie sei ein Heilmittel, das sowohl heilen als auch vergiften könne.[392] Auch in „De doctrina christiana" findet sich diese Haltung: „*Quid audeat dicere adversus mendacium in defensoribus suis inermem debere consistere veritatem?*"[393] Hat die Eloquenz also im Dienste der Wahrheit eine Existenzberechtigung, so sei sie im Dienst des Irrtums verdammenswert.[394]

Daneben legt Augustinus fest, dass die Eloquenz noch um eine andere Sache willen verdammenswert sei. Es gebe noch die Art, sie falsch zu gebrauchen, indem man vergesse, dass sie nur ein Werkzeug sei, und sie um ihrer selbst willen suche. Das sei ein Genießen statt ein Gebrauchen.[395] Statt einer spezifisch ästhetischen Betätigung, die nur die eigene Vervollkommnung kenne, fordert Augustinus eine strenge Unterordnung aller geistigen Betätigung unter das religiöse Ziel. Dabei wird deutlich, dass der christliche Prediger trotz aller augustinischen Nützlichkeitserwägungen doch eine Gratwanderung schaffen muss zwischen dem Ideal des christlichen Predigers und der für die Nützlichkeit des höchsten Ziels erlaubten literarisch ästhetischen Optionen, die er in den *genera dicendi* angesprochen hat. Augustinus selbst hat erkannt, dass er zwar ein Ideal im Kontrast zur profanen Bildung formuliert hat, dass sie aber stets in Gefahr läuft, erneut in Abhängigkeit von ihr zu geraten.

Aus einem Brief von ihm geht nämlich hervor, dass ihm in der Position eines christlichen Predigers, der auch im notwendigen Grade schriftstellerische Elemente nutzt, die Gratwanderung bewusst wird: Augustinus will sich in Thubursicum einem Streitgespräch mit dem Donatisten Fortunius stellen. Eine erregte Menschenmenge bildet sich daraufhin in der Kirche, als die Kunde von seiner Anwesenheit in der Stadt umgegangen ist. Er notiert recht

---

[392] Cresc. 1,1,2 PL 43,447f

[393] Augustinus, *De doctrina christiana*, Lib. Quartus ,2,3.

[394] Über die Spätantike, das Mittelalter und Renaissance berichtet Ward, wie die Redekunst als Fachrichtung im Schulunterricht weiterhin gelernt, teilweise neu aufgelegt, andere Disziplinen aus ihr gezogen oder sie neu bewertet wurde. Vor allem für die spätantike Periode stellt er noch einmal die christlichen Gelehrten heraus, welche anfingen sich ob ihrer Beschäftigung und Kenntnis um pagane Philosophen die Rhetorik als potentielle zu behandeln (*„Despite such texts, rhetoric was a difficult art for the post-Roman era. It was potentially dangerous art in the early Christian era because it taught one to persuade other that the not true might indeed be true.*"). Teilweise wird in der Literatur von einer antirhetorischen Wende gesprochen. Siehe hierzu J.O. Ward, *Roman Rhetoric and it's afterlife*, Einleitung. Immanuel Kant beurteilt die Rhetorik in seiner Kritik der Urteilskraft besonders scharf: „Rednerkunst ist die Kunst, sich der Schwächen der Menschen zu bedienen. Ganz egal, ob sie guter oder schlechter Absicht sind." Siehe hierzu I. Kant, *Kritik der Urteilskraft*, Kap. 63.

[395] Zum Gebrauch und Genuss schreibt Augustinus in den ersten drei Büchern seiner Doktrin etwas und definiert sie.

melancholisch: "*Ceteri vero magis ad spectaculum quasi altercationis nostrae prope theatrica consuetudine, quam ad instructionem salutis christiana devotione convenerant.*"[396] Nur manche seien um des Seelenheils willen erschienen.

Es ist nachvollziehbar, welche Bedenken Augustinus in dem Augenblick gehabt haben muss, so Marrou, als er den christlichen Predigern in „De doctrina christiana" empfahl, die Beredsamkeit als Hilfsmittel zu nehmen und welche Notwendigkeit dabei mitgeschwungen haben müsse, dem zugestandenen Bereich strikte Schranken aufzuerlegen.[397]

Insgesamt lässt sich also sagen, dass Augustinus in seiner Konzipierung der christlichen Aufgabe des Studierens und der Pflicht der Weitergabe aus Nächstenliebe die Rhetorik an ihren Platz verwiesen hat und die Beredsamkeit als nützliches, jedoch nicht notwendiges, Mittel auf dem Weg der Gratwanderung eines christlichen Predigers definiert hat, welche sich dem religiösen Ziel als dem einzig Notwendigen unterzuordnen hat.

VI.V „confessiones"

VI.V.I Allgemeines

„…ein Mensch, irgend so ein Stück deiner Schöpfung. Du treibst ihn an, dass er seine Freude daran finde, dich zu loben, denn auf dich hin hast du uns gemacht, und unruhig ist unser Herz, bis es ruht in dir."[398] Dieser weithin bekannte Satz aus den Bekenntnissen lädt den Rezipienten ein, Augustins eigene Rekapitulation seines bisherigen Lebens und die Entwicklung seines Denkens mit zu verfolgen.

Seine Bekenntnisse schrieb der Kirchenvater aus Thagaste in den Jahren von 397 bis 401 n. Chr. Zeitgleich dazu begann er auch mit seiner Arbeit an „De doctrina christiana", deren Fertigstellung jedoch erst dreißig Jahre später gelungen ist. So verwundert auch nicht bei dieser Zeitspanne, dass die Haltung Augustins gegenüber der Rhetorik in beiden Werken nicht unterschiedlicher sein könnte und sich weiterentwickelt hat. Während die Bekenntnisse sich von einer zunächst euphorischen Begeisterung an der Redekunst in der Jugend und den ersten Mannesjahren bis hin zu einer ablehnenden Polemik entwickeln, geht er in seiner Doktrin einen weitaus überlegteren und wissenschaftlicheren Weg. Wie im vorherigen Kapitel dieser Arbeit auch gesagt wurde, suchte er sogar ein eigenes System christlicher Beredsamkeit zu konzipieren. Er ist in späteren Jahren also der Gruppe christlicher Gelehrter zuzuordnen, die die Rhetorik und Beredsamkeit als Instrument annahmen.[399]

Dieses Kapitel soll der Darstellung der geistigen Entwicklung und der Haltung gegenüber der Rhetorik Augustins vor und nach der Konversion dienen, wie sie uns die „confessiones" darbieten. Eine Schau der Dinge wird auch an so manchem theologischen Gedankengut wie

---

[396] Augustinus, Epist. 44,1.
[397] Marrou, S. 72.
[398] Augustinus, *confessiones*, Lib.1, I, 1.
[399] Augustinus nennt die Rhetorik bzw. Beredsamkeit sogar eine „Waffe" statt sie als Instrument anzusehen. Wie sich zeigt, ist sie eine Waffe gegen die Lüge und für die Wahrheit.

seiner Erbsündenlehre nicht vorbeikommen, weil er darüber teils sein eigenes Vorankommen und Verhalten begründet.

VI.V.II Die Darstellung der Redekunst in den Bekenntnissen

Zu dem Zeitpunkt, als Augustinus die Bekenntnisse aufschrieb, war er bereits Bischof in Hippo. Die Abkehr von den Manichäern und seiner Konversion lagen hinter ihm. Er konnte aus dieser Position einen Blick zurück auf sein Leben vor der Konversion werfen. Dass er in der Zeit eifrig theologische Studien betrieb, zeigt sich an entsprechenden Sequenzen in den „confessiones". Zuerst zu nennen sei hierbei seine Theorie der Erbsündenlehre, welche besagt, dass eine Seele nicht nur ihr Erlerntes ins nächste Leben mitnehme und sich dort nur noch durch Wiedererinnerung an dem Wissensfundus wieder sukzessive bedienen könne, sondern auch die zu voriger Lebenszeit begangenen Sünden mitnehme.[400] Dies bedeutet für Augustinus demnach, dass er schon als Säugling voll von Sünde gewesen sei: „Aber die Sünde in ihm [Mensch] hast du nicht gemacht. Wer erinnert mich an die Sünde meiner frühesten Kindheit? Denn niemand ist vor dir frei von Sünde, nicht einmal das Neugeborene..."[401] Er begründet das an der einfachen Beobachtung, dass, wenn zwei Säuglinge gleichzeitig gestillt würden, der eine dem anderen die weitere Brust nicht gönne und die Muttermilch lieber für sich alleine wolle. Hierbei sei die Gier des vorhergehenden Lebens ersichtlich.

Über diesen Weg legt Augustinus auch seinen Begründungsstein, warum er zum einen schon in der Elementarschule den schlechten Inhalten verfallen sei.[402] Er deklariert es u.a. als eine dem Menschen innewohnende Schwäche sich den eigenen fleischlichen und weltlichen Gelüsten zu ergeben (Besitztümer, Ansehen innerhalb der Gruppe, Erfolg). Zum anderen zeigt die Beschäftigung mit seiner damaligen Schulbildung, wie sehr ihm im Nachhinein das Schulsystem missfällt und wie der Lehrcorpus aus den sog. Sieben Künsten (u.a. auch die Rhetorik) seine Schwäche ausnutzte und dazu angestachelt habe, den falschen Weg zu beschreiten. Er schrieb dazu: „Gott, mein Gott, was für ein Elend [*miserias*] und was für einen Schwindel [*ludificationes*] [...] habe ich da erlebt: Man stellte mir als Jungen die Lebensregel auf, denen zu gehorchen, die mich anhielten, es in dieser Welt zu etwas zu bringen und mich auszuzeichnen in den sprachlichen Fertigkeiten, die Ehren bei den Menschen und trügerischen Reichtum einbringen. Deswegen schickte man mich zur Schule."[403] Und damit geht seine Kritik noch weiter: „Und doch wirft man Menschenkinder hinein in dich, du Höllenfluss [*flumen tartareum*], Schulgeld wirft man hinterher, damit sie das alles lernen [...] Deine Fluten, Höllenfluss, peitschen wider die Felsen, und dann ertönt laut dein Ruf: Hier lernt man, wie man spricht. Hier erwirbt man die Beredsamkeit, die man unbedingt braucht, um Menschen zu Taten zu überreden (*persuadere*) [...] Schule, an deren Türschwelle ich schon als Junge meinem Elend (*miser*) erlag. Das war die Arena, in der ich trainierte [...] dies die Dinge, für die ich gelobt wurde von Menschen, denen zu gefallen damals für mich der Inbegriff

---

[400] Hinsichtlich des Themas der Wiedererinnerung hat er hierbei sicherlich die Anamnesis-Lehre Platons vor Augen gehabt.

[401] Augustinus, *confessiones*, Lib.1, VII,11.

[402] Es gibt noch einen weiteren etwas unterschwelligen Begründungsweg, den Augustinus nicht offenkundig als diesen deklariert. Er schildert, wie er als Säugling gemäß seiner fleischlichen Natur Dinge und Taten gewünscht habe und diese wegen seiner fehlenden Fähigkeit zu sprechen mittels Geschrei habe erwirken müssen. Der fortlaufend anwachsende Wunsch nach Kommunikation und Selbstmitteilung habe ihn dazu gebracht, die durch seine nahe Umgebung konsensuell festgelegten Worte zu übernehmen. Den Höhepunkt des Wunsches nach Selbstzeugnis stellt damit dann die Schule und ihre rhetorische Ausbildung dar, die ein Vorankommen innerhalb der Gesellschaft verspricht.

[403] Flasch, Lib. Primus IX.14.

des richtigen Lebens war. Ich sah nicht den Abgrund von Schändlichkeit [*voraginem turpitudinis*], in den ich gestürzt war…"[404]

Augustinus zeichnet das Bild eines Höllenflusses, welchen er als *flumen tartareum* bezeichnet. Damit spielt er auf den Fluss der Unterwelt, den Tartaros, aus der griechischen Mythologie an[405], der von ihm *in personam* die Schulgelder zu verschlingen vermag. Das immerwährende Peitschen gegen die Felsen, welche den Rand zum Abgrund von Schändlichkeit darstellen, zeigt in einem eindrucksvollen Bild den Versuch des wilden unkontrollierten Wassers die Schüler mit sich in den Abgrund zu reißen. Das sonore Schlagen und Beklatschen an die Felsen lässt den Leser das Geräusch wilden Beifalls beinahe hören, wovon Augustinus auch gleich darauf redet. Er sei von den Lehrern der Rhetorik ob seiner Begabung geradezu per Beifall noch schneller ins seelische Elend getrieben worden.[406]

Innerhalb dieses Exempels spricht er auch von einer „Täuschung" (*falli*) und „Anstachelung zur sinnlichen Gier" (*libidinem*) mit Hilfe von Worten. Die Wörter allerdings seien für ihn nicht das Übel –ganz im Gegenteil—sie seien vielmehr erlesene und kostbare Gefäße. Es gehe ihm um den Wein der Täuschung, der in diese Gefäße gegossen werde: *„Non accuso verba quasi vasa lecta atque pretiosa, sed vinum erroris…"*[407] Ein ganz ähnliches Beispiel bringt er noch einmal etwas später, wobei er darin noch die typischen Stilelemente der Rhetoriktheorie berücksichtigt und als Inhalt der Gefäße die Wahrheit: „Du also hattest mich bereits darüber belehrt, dass etwas nicht deshalb als wahr angesehen werden darf, weil es beredt vorgetragen wird, auch nicht deshalb schon als falsch, weil die Lautzeichen nur holperig über die Lippen kommen, umgekehrt nicht deshalb schon als wahr, weil es ohne Glanz zum Ausdruck gebracht wird, und nicht deshalb schon als falsch, weil die Rede brillant ist, dass es sich vielmehr mit Weisheit und Torheit ebenso verhält wie mit gesunden und ungesunden Speisen, mit schmuckvollen und schmucklosen Worten hingegen wie mit erlesenen und schlichten Gefäßen: In ihnen können beiderlei Speisen serviert werden."[408]

Vor allem die Wahrheitserkenntnis zu erlangen und das Lehren des wahren Inhaltes sind für Augustinus das Wichtigste und damit mehr zu erstreben als schöne Worte und unbedingt korrekte Grammatik. Dies findet sich nicht nur in „De doctrina christiana" wieder, sondern auch in den „confessiones" meint er, dass es darum gehe, nicht nur „bloßes Wortgeklingel" (*multipliciter voce*) zu betreiben.[409] Dieses sei für ihn indes in der Kindheit und Jugend das Blendwerk gewesen, welches ihn angezogen habe. Über das Griechische, das er in der Elementarschule und auch später bei den Grammatikern lernen sollte, wundert er sich selber,

---

[404] Idem, Lib. Primus XVI.26 und XIX.30.

[405] Laut antiker Mythologie lag der Tartaros noch unter dem Hades. In der Vorstellung war der Tartaros so tief, dass ein Ambos neun Tage gebraucht haben soll, um bis an den Grund hinab zu fallen. In ihn sollen diejenigen verbannt worden seien, die ob ihrer Taten bestraft werden sollten. Daher ist die Wahl den Abgrund als „*voraginem turpitudinis*" zu bezeichnen von Augustinus sehr passend gewählt. Andererseits ist genau dieses Beispiel auch ein wenig verwunderlich, da es nicht auf biblischen Untergrund fußt. In der Hl. Schrift ist der Tartaros nur einmalig im NT belegt. Das Pendant dazu ist im althebräischen Text der SchöO'L. Der SchöO'L besitzt auch mehrere Dunkelstufen, in die Sünder je nach Grad ihrer Verdorbenheit kommen, hat aber keineswegs etwas mit Wassern zu tun, denn dort ist alles staubig und trocken (s. IB 17,16). Doch vielleicht ist genau diese Differenz der Grund, warum Augustinus ein mythisches Exempel gewählt hat: So ist die Abtrennung von seiner Lehre von der der verderbten Schule, die die pagane Rhetorik lehrte, besonders stringent gezogen. Beiden Ortschaften ist gemeinsam, dass dort die Sünder bestraft werden. Im Hebräischen steht die Stachelung (דְּבָרִין) als Wort für die Bestrafung, während in den antiken Sagenkreisen unterschiedliche Formen der Strafe auftauchen.

[406] Das Bild des Flusses wird noch einmal aufgegriffen, indem Augustinus vom „Fluss der menschlichen Gewohnheit" spricht. Hierbei zeigt sich noch einmal der Gedanke Augustins an eine dem menschlichen Wesen inhärente Voreinstellung. Siehe hierzu Augustinus, „confessiones", Lib.1, XVI,25.

[407] Skutella, Lib. Primus XVI 26.

[408] Skutella, Lib. Quintus, VI,10.

[409] Flasch, Lib. Tertius VI.10.

weil er es neben den anderen eigentlich grundlegend wichtigen Dingen wie Lesen, Schreiben und Rechnen gehasst habe: „Die Anfangsgründe des Lesens, Schreibens und Rechnens waren mir genauso lästig und verhasst wie das Griechische."[410] Stattdessen hätten seinen unausgeglichenen Geist (*mens*) und die jugendliche Leidenschaft vor allem das Theater und die Poesie in den Bann gezogen. Erst im Nachhinein konstatiert Augustinus, dass diese Beschäftigung mit fremdem Drama und Witz nur eine Befriedigung der eigenen Affekte gewesen sei und nur als Schall und Rauch und inhaltsleer zu begreifen sei.[411]

Auch der erste Kontakt mit den Lehrbüchern der Beredsamkeit (*eloquentia*) hätten in ihm ein trügerisches Wohlbefinden und den Eifer geweckt, sich hervorzutun und sich im Sinne eines malignen Charakterwandels dann in Eitelkeit aufzublähen: „…lernte ich damals in noch ungefestigter Jugend die Lehrbücher der Beredsamkeit [*eloquentia*] kennen, in der ich zu glänzen begehrte, dies mit dem verwerflichen und windigen Ziel des Genusses menschlicher Eitelkeit…[…] … bald bekleidete ich in der Rhetorenschule einen ziemlich angesehenen Rang, freute mich hochmütig und blähte mich auf vor Eitelkeit…[…] Auch jene sogenannten ehrenhaften Studien zielten nur darauf ab, die öffentlichen Rechtshändel im Auge zu haben, um sich in ihnen hervorzutun, was mir umso größeren Preis bescherte, je betrügerischer ich vorging."[412]

Inwieweit er der Rhetorik und der Schuldbildung auch einen Anteil an seinem Sittenverfall in der Jugend zuspricht, lässt sich nicht eindeutig feststellen. Dennoch gehen sie als negative Trigger in seiner Schilderung Hand in Hand mit der aufkeimenden fleischlichen Lust und dem Rausch nach freundschaftlicher und gemeinschaftlicher Anerkennung, der er nachgeeifert habe und die ihn zum Verkehr mit Frauen brachte und zu Diebstählen.[413] Seine Jugendfreunde sind auch diejenigen, die mit ihm die Rhetorik erlernten, denn sie hätten die dort erworbenen Fähigkeiten genutzt, um andere Menschen, die nicht vom Fach gewesen seien, verbal zu verspotten. Augustinus sieht darin eine Art dämonisches Verhalten –jedenfalls bewertet er es mittlerweile so: „…Aktivitäten, mit denen sie frech Unerfahrene in ihrer Einfalt verhöhnten und sie beunruhigten, indem sie mutwillig ihr Spiel mit ihnen trieben […] Nichts ist dem Treiben der Dämonen ähnlicher als das eben geschilderte Tun."[414]

Seine später folgende Anhängerschaft zu den Manichäern erklärt er auch über die Rhetorik. Jene sei von diesen Leuten genutzt worden, um ihn zu fangen. Dabei seien ihnen „Teufelsschlingen im Munde" gewesen:[415] *Itaque incidi in homines superbe delirantes, carnales nimis et loquaces, in quorum ore laquei diaboli…"*

Eine Begegnung hebt er für diese Zeit der Anhängerschaft besonders hervor: Ein Manichäer namens Faustus sei zu Besuch in seine Stadt gekommen, als er schon durch eifrige Studien paganer philosophischer Texte angefangen hatte sich etwas von den Manichäern zu distanzieren, weil diese ihm nicht die Fragen hatten beantworten können, über die sich die Philosophen wie Aristoteles oder Platon bereits Gedanken gemacht hatten. Das heißt, dass er bereits eine qualitative Unterscheidung beider Strömungen festgestellt hatte, wobei er auch

---

[410] Skutella, Lib. Primus, XII, 20.

[411] Idem, Lib. Primus XVII.27.

[412] Flasch, Lib. Tertius, III,6.

[413] Er schildert u.a. genauer, wie ihn seine Jugendfreunde dadurch, dass er von ihnen Anerkennung wollte, dazu gebracht hätten, aus einem fremden Garten Birnen zu stehlen. Ohne diese Kombination, so meint er, sei er gar nicht auf die Idee gekommen. Diese Szene bietet ein Eindruck davon, Augustinus im Laufe der Zeit immer mehr zu erkennen vermag, welche Kontakte für ihn gut und welche destruktiv sind. Die Darstellung geht dabei ganz filigrane Schritte, sodass der aufmerksame Leser die Evolution der Gefühle ganz nachvollziehen kann.

[414] Idem, ibidem.

[415] Idem, Lib. Tertius VI.10.

einschränkend sagt, dass auch die pagane Philosophie trotz ihrer geistigen Höherwertigkeit nicht die volle Löschung seines Hungers geboten hätte. Von Faustus hatte er sich noch einmal viel versprochen, da andere Manichäer ihn stets ob zu diffiziler Fragen seitens Augustins empfohlen hätten. Die Ernüchterung, die diese Unterredung Augustinus gebracht haben muss und sogar zu einer völligen Abkehr von den manichäischen Lehren geführt hat, arbeitet Augustinus in Buch Drei heraus. Auch Faustus sei nicht in der Lage gewesen über die typischen Textinhalte, wie sie im Rhetorikunterricht gelehrt würden, hinauszugehen. Stattdessen habe er sich zwar als äußerst sympathisch zeigen können und hätte sogar zugegeben, dass jene Fragen ihn inhaltlich überforderten, dennoch habe er gleich einem Mundschenk versucht Augustinus trügerischen Wein einzuschenken.

Zu Beginn des vierten Buches fasst Augustinus den Zeitraum bei den Manichäern in Form einer Synkrisis –alter und neuer Augustinus- zusammen: Er sei Verführter gewesen, aber auch Verführer. Er sei betrogen worden und habe betrogen, indem er u.a. die freien Wissenschaften öffentlich gelehrt habe. Er sei außerdies abergläubisch und voll leerer Eitelkeit gewesen: „Einerseits jagte ich dem nichtigen Ruhm der Volksgunst nach bis hin zum Beifall im Theater, hetzte zum Dichterwettbewerb und zum Kampf um die Heukränze, war begierig nach unnützem Schauspiel und Lustfreuden ohne Maß und andererseits suchte ich mich von diesem Schmutz zu befreien…"[416] Die innerlich ambivalente Haltung von ihm ist ein Stilmittel, das Augustinus durchweg in den „confessiones" anwendet. Das Ringen mit dem Bösen einerseits ist ein Thema, das vor allem für den Apostel Paulus belegt ist. Genau diesen soll Augustinus bei seinem Konversionserlebnis aufgeschlagen haben und von eben jenem Apostel stammt das Bild, das vor allem von Gott Besehene mit dem Bösen zu ringen haben:

„...ὅτι οὐκ ἔστιν ἡμῖν ἡ πάλη πρὸς αἷμα καὶ σάρκα ἀλλὰ πρὸς τὰς ἀρχάς πρὸς τὰς ἐξουσίας πρὸς τοὺς κοσμοκράτορας τοῦ σκότους τούτου πρὸς τὰ πνευματικὰ τῆς πονηρίας ἐν τοῖς ἐπουρανίοις..." (Eph. 6,12)

Andererseits ist sein Ringen sich letztlich doch von dem „Schmutz zu befreien" erneut einer bekannten Bibelstelle nachempfunden. Jakob ringt mit Gott und wird daraufhin mit dem Beinamen ‚Israel' von Gott betitelt. Er wird zum Urvater der Israeliten gemacht.[417] Inwieweit Augustinus in sich zu der Zeit, als er in Hippo Bischof ist und die „confessiones" geschrieben hat, selbst als einen von Gott ernannten Anführer einer christlichen Gemeinde sieht, nachdem auch er aus dem Ringen hervorgegangen ist, soll nicht weiter an dieser Stelle thematisiert werden. Es soll vor allem sein zur Zeit der Verfassung vom christlichen Gedankengut durchwirktes Denken zeigen und seine starke Kontrastierung dieser gegenüber der Rhetorik und Mentalität seiner Jugend.

Schlussendlich lässt sich zusammenfassen, dass Augustinus ein relativ negatives Bild von der Rhetorik in seinen Bekenntnissen zeichnet, indem er diese immer wieder mit negativen Kontexten belegt. Neben seiner eigenen menschlichen Schwäche sieht er jene mehr als schlechtes Werkzeug und als ein Grundübel der Gesellschaft an, welches schon in der Schule seinen ersten Keim in die noch unerfahrenen Köpfe gesetzt habe, indem sie von falschen Dingen überzeugen könne und der dem Menschen inhärenten Eitelkeit das passende Futter gebe. Objekt der Analyse ist er selbst. Auffällig ist, dass Augustinus sich selbst eher wenig

---

[416] Flasch, Lib. Quartus I,1.
[417] Siehe hierzu 1.M, 32,25-31.

Schuld an seinem üblen Lebensweg gibt. Vielmehr erklärt er es dadurch, dass das menschliche Fleisch schwach sei und gemäß der Erbsündenlehre sowieso von Geburt an das Böse in sich habe. Die Redekunst sei dabei das Mittel zum Zwecke, das in falschen Händen, nur Böses gleich dem Teufel bewirken könne.

VII Ausgewählte Briefe und *sermones*

VII.I Die Vielfalt des Adressatenkreises

Augustinus musste sich flexibel an die Vielfalt der Gesellschafts- und Bildungsschichten seiner Zeit anpassen können und u.a. unterscheiden zwischen dem Intellekt seines Empfängers und seiner politischen und geistigen Stellung innerhalb der Gesellschaft. Als Kirchenvater und Bischof von Thagaste hatte er ebenso mit Hochgebildeten zu kommunizieren als auch in seelsorgerischer Tätigkeit mit einfachen Menschen aus dem Volk aufzutreten. Dass er teils auch heidnische Gebildete zu erreichen versuchte ganz im Sinne eines christlichen Missionars und deshalb dem von ihnen präferierten klassischen Sprachstil und ihrem literarisch-ästhetischen Anspruch dienhaft werden musste, zeigt seine Gradwanderung, die er in seiner Aktivität zu absolvieren hatte. Auch die christliche Bildungselite, die gerade wegen der in der Schule empfangenen Bildung einen sozialen Aufstieg hatte schaffen können, wird zumeist eine entsprechende Umgangsweise mit den althergebrachten Normen von ihm erwartet haben. Eine weitere hierbei zu nennende Gruppierung ist die der bildungs- und damit philosophiefeindlichen Vertreter, wie sie bereits im Kapitel zur *renovatio* der heidnischen Kultur referiert worden ist. Bei ihnen wird Augustinus den Anspruch gehabt haben müssen, da er selbst als Christ mit platonischer Bildung in Erscheinung trat, die Legitimation der Nutzung von Philosophie zu begründen und die Absenz ihres Widerspruches zu biblischen Vorgaben zu offerieren.

VII.II Sprachstil innerhalb der Briefe

Für den Sprachstil innerhalb der Briefe und Predigten gelten partiell dieselben Gesetze, wie sie bereits im vorherigen Abschnitt dargestellt wurden. Und auch im vierten Buch von „De doctrina christiana" hat der Kirchenvater erklärt, dass man sich dem Sprachniveau und dem Fassungsvermögen der Menschen anpassen müsse, da man zum einen mittels verständlicher Sprache das Entstehen von Irrlehren zu verhindern hatte und zum anderen das Ziel der Christianisierung nicht aus den Augen verlieren durfte.[418] Der inhomogen zusammengesetzten Gruppe von Adressaten wie anderen Bischöfen oder Klerikern, Laien, Beamten, Heiden, Häretikern oder Freunden ist Augustinus also im sprachlich und inhaltlich angemessenen Stil begegnet bzw. hat versucht diesen zu kreieren. Dabei war er nicht nur diesen Regelhaftigkeiten unterworfen, sondern musste sich entsprechend dem genutzten Weg an spezifische Vorschriften halten. Es gab epistolographische Vorschriften, die bis in das vierte Jahrhundert vor Christus zurückreichten und auch zu seiner Zeit in der Schule dem Kreis der Gebildeten gelehrt wurde. Auch das Verfassen eines offiziellen Freundschafts- und Amtsbriefes unterlag gewissen Normen.[419] Andererseits –so wird sich im näheren Eingehen auf die Briefkorrespondenz von ihm zeigen- hat Augustinus zwar durchaus den epistolographischen Gepflogenheiten entsprechend geschrieben und sich damit der

---

[418] Christian Tornau stellt klar, dass die Korrespondenz von Augustinus mit anderen nicht unbedingt intim war, sondern allein auf Grund von Augustinus' Popularität auch anderen öffentlich einsehbar war. Demgemäß musste sich der Kirchenvater umso mehr Gedanken darüber machen, wie er seine Antwortschreiben bestenfalls auszuformulieren hatte.

[419] Siehe hierzu u.a. M. Zelzer, *Die Briefliteratur*, S.323-328.

Bildungselite als zugehörig erwiesen und sein theoretisches Wissen und die Potenz der Anwendung der traditionellen Inhalte demonstriert, dennoch dabei immer wieder bewusste Regelbrüche der Vorgaben vorgenommen, sodass in seinen Briefen „oft ein seltsames, aber zweifellos gewolltes Wechselspiel von Dialogbereitschaft und Verweigerung" entstand.[420]

Von seiner sprachlichen Entwicklung her hat die Forschung festgestellt, dass Augustinus vor allem in seiner frühen Schaffensperiode noch besonders sprachlich ausgefeilte Texte verfasst hat, welche an ein gebildetes heidnisches Publikum gehen sollten. Dies erklärt sich dadurch, dass er zu jener Zeit noch stärker an seine frühere rhetorische Laufbahn gebunden war und sich daher noch mehr als Mitglied einer überkonfessionellen Bildungselite wahrnahm.[421] Einerseits hat Augustinus also inhaltlich und stilistisch komplexe Texte verfasst, um auch den Ansprüchen des gebildeten Paganpublikums gerecht zu werden und sich als ebenbürtig gegenüber der philosophischen Tradition zu zeigen. Andererseits hat er in seiner Entwicklung die Instrumentalisierung der Stilebenen und des Sprachniveaus angestrebt und angefangen zu propagieren, womit er der Tradition der klassischen Dreistillehre aus seiner Schulbildung folgte.[422]

Es lassen sich dementsprechend diverse Briefe finden, die in der simplen christlichen Volkssprache formuliert sind, die seit dem zweiten Jahrhundert nach Christus weitteilig gesprochen wurde –des Weiteren die stilistisch ausgestalteten Überlieferungen, welche bezeugen, dass er sich einerseits nicht ganz von der paganen Kultur, die ihn geschult hat, losgelöst hat und andererseits der allumfassenden Maßgabe der Anpassung an den Rezipienten entsprechen. In „De vera religione" 1,10,20 sagt er über sich selbst: „Sie gegen Schwätzer zu verteidigen und Suchenden zu erschließen, ist auf vielerlei Weise möglich, da der allmächtige Gott selber und durch sich selbst die Wahrheit offenbart… Jeder aber wendet die Weise an, die für diejenigen, mit denen er es zu tun hat, am geeignetsten zu sein scheint."

In seinen „confessiones" zeichnet Augustinus ein bestimmtes Bild von den Menschen, die das traditionelle Bildungssystem in seinen Augen hervorbrachte. Er koppelt in den selbstreflektorischen Abschnitten dieses Werkes auch seine eigene Entwicklung ziemlich eng daran. Es mag nicht verwundern, dass er sich nach seiner Bekehrung in seinen Briefwechseln bereits eine feste Vorstellung von seinen Briefpartnern gemacht hat, die er teilweise recht offensichtlich als Produkt der negativen Entwicklungen ansieht.[423] Besonders interessant und daher auch im Folgekapitel zu analysieren ist sein Briefwechsel mit Maximus von Madauros (ep. 16-17), welcher vor allem im Hinblick auf die rhetorische Weiteranwendung von Augustinus betrachtungswürdig erscheint.

---

[420] Siehe Christian Tornau, *Zwischen Rhetorik und Philosophie*, S.35.

[421] Siehe hierzu Prof. Dr. T. Fuhrer, *Augustinus*, S.44.

[422] In „De doctrina christiana" Buch 4 übernimmt er die klassische Stillehre, definiert sie allerdings neu: Während gemäß der ciceronianischen Lehre die Stilebene der Bedeutung des Gegenstandes angepasst werden soll, ist im christlichen Kontext jeder Gegenstand unabhängig von der gewählten Stilebene bedeutend. Damit erfahren alle Stilebenen –auch die in der klassischen Rhetorik niedrigste- eine Aufwertung. Es wird eine Art Demutssprache konzipiert und die Rhetorik in den Dienst der Vermittlung der christlichen Lehre gestellt.

[423] Vielen Briefpartnern ist gemeinsam, dass sie ihr Selbstwertgefühl über ihren hohen Bildungsgrad und damit aus ihrer hohen Stilsicherheit zu definieren versuchen. In den Augen von Augustinus zeigen sie die *superbia*, welche oft als angesprochenes Grundübel der ethisch Fehlorientierten in der augustinischen Literatur genannt wird. Oft bekanntes Ziel von Augustinus ist dementsprechend die Wegleitung der Briefpartner weg vom Äußeren zum Inneren.

VII.III.I Briefwechsel mit Maximus

Die Datierung des Briefwechsels mit Maximus von Madauros wird etwa auf 390/91 geschätzt.[424] Maximus war ein Rhetor und Grammatiker. In welchem Verhältnis beide genau zueinander gestanden haben, ist bisher nicht geklärt, jedoch entstammen sie beide demselben Bildungsweg, wie sich nachfolgend auch in der Stilanalyse noch zeigen wird.

Maximus eröffnet sein schriftliches Gesuch an Augustinus mit der Zustimmung und Anerkennung des philosophischen Monotheismus. Er spricht hierbei von „heilbringenden Götterwesen" (*salutaria numina*)[425], welche als Gliedmaßen einer einzigen göttlichen Instanz fungierten. Allerdings kritisiert er im Folgenden die christliche Heiligenverehrung, die er als einfachen Abklatsch des heidnischen Polytheismus verstehen will. Ebenso die christlichen Zeremonien, die für ihn gleichwie geheime Kulthandlungen erscheinen[426], prangert Maximus an.[427] Augustinus' Brief gleicht inhaltlich einer Apologie. Er verweist bezüglich der Kritik an der Heiligenverehrung auf die Absurdität von heidnischen Augenblicksgöttern. Er nennt hierbei u.a. Cloacina. Der Heimlichkeit der christlichen Riten stellt er die geradezu lächerliche Öffentlichkeitsschau der Bacchanalien gegenüber, bei deren inhaltlicher Beurteilung er sich auch des klassischen Euhemerismus-Argumentes bedient.[428]

Die stilistische Beurteilung der beiden Schriftstücke ergibt einige nennenswerte Punkte. Maximus übt zwar inhaltlich eine Kritik, jedoch zeigt er allein in der Einleitung seines Briefes seinen höheren Bildungsstand und das Wissen um die der Höflichkeit unabdingbaren Gepflogenheiten:

„*Auens crebro tuis affatibus laetificari et instimtu tui sermonis, quod mepaulo ante iucundissime salua caritate pulsasti, paria redhibere non destiti, ne silentium meum paenitudinem appellasses, sed quaeso, ut, si haec quasi seniles artus esse duxeris, benignarum aurium indulgentia prosequaris.*"[429]

Er wird auf Grund der typischen zu erwidernden Höflichkeit auf eine zuvor entgegengebrachte freundliche Einladung den augustinischen Antwortbrief in demselben Formgefühl erwartet haben. Philippe Bruggissier hat über die briefliche Etikette in der Spätantike zusammenfassend gesagt:

„*Pas plus que de lasser le lecteur,l'epistolier n'a droit de l'alarmer. L'attitude qu'il adopte est la delicatesse, evitant ce qui peut choquer ou peiner.*"[430]

Wie sich zeigen wird, hält sich Augustinus an keinen der von Bruggissier genannten Punkte und bricht ganz bewusst damit. Seine Einleitung ist dagegen geradezu schroff und missbilligt Maximus' Ansinnen:

---

[424] Vgl. *ep.* 16,1.

[425] Idem, ibidem. Ebenso Dr. Alfred Hoffmann, *Des heiligen Kirchenvaters Aurelius Augustinus ausgewählte Briefe*, Bd. XI, S.33.

[426] Hier steht: „In locis abditis". Vgl. ep. 16,3.

[427] Sein zuletzt genannter Punkt, was man sich überhaupt unter dem einen christlichen Gott vorzustellen habe, soll nicht weiter thematisiert werden, da Augustinus jene Frage einfach übergeht in seinem Antwortschreiben.

[428] Vgl. ep. 17,1.

[429] Vgl. Idem, 16,1. Maximus ist einer der typischen Gesprächspartner für Augustinus, wie sie in diversen Briefwechseln zu finden sind: Er zeigt seinen hohen Bildungsstolz offenherzig, erscheint relativ orientierungslos in ethischer Hinsicht und hat eine kompetitive Grundhaltung.

[430] Siehe hierzu Philippe Bruggissier, *Symmaque ou le rituel de l'amitié littéraire*, 23.

„Seriumne aliquid inter nos agimus, an iocari libet? nam sicut tua epistula loquitur, utrum causae ipsius infirmitate an morum tuorum comitate sitfactum, ut malles esse facetior quam paratior, incertum habeo."[431]

Die Unsicherheit bzw. Schwäche (infirmitas) der Angelegenheit wird sich nicht nur auf die Inhaltsebene des Briefes von Maximus beziehen, sondern auch der Stil könnte in Augustinus einigen Unwillen hervorgerufen haben. Maximus' Text ist literarisch sehr ausgefeilt. Er beschreibt Götterstatuen auf dem Forum von Madauros und lässt sie parallel zum Götterolymp erscheinen. Auch die von Maximus literarisch inszenierte Kampfhandlung zwischen den Göttern und den christlichen Märtyrern erinnert an die Schilderung Vergils über die Schlacht von Actium und zeigt die poetische Beeinflussung von Maximus und dessen bewusste Nutzung der Dichtung innerhalb christlicher Dispute.[432] Gleichzeitig scheint Maximus damit auch an Augustinus zu appellieren und ihn an die gemeinsame Bildung erinnern zu wollen – nicht umsonst spricht er in ep. 16,4 in einem Zitat von Vergil von Vergil als Rhetor: *"Sed ulterius huic certamini me senex inualidus subtraho et in sententiam Mantuani rhetoris libenter pergo. Trahat sua quemque voluptas."*[433]

Bezeichnend für das von Maximus gewählte Zitat ist, dass es eigentlich in einem erotischen Zusammenhang gebraucht wurde und das Ziel der *voluptas* dem Thema des christlichen Glaubens den überweltlichen Eigenwert entzieht und ihn auf die fleischliche Begierde zusteuern lässt. Allein diese Auswahl, die uns gleich ein Bild von Maximus' Wertesicht vermittelt, dürfte in Augustinus grundsätzlich zu einer abweisenden Haltung geführt haben.

Letztendlich lässt sich also feststellen, dass Maximus eine christliche Diskussion bewusst in der dichterischen Sprache Vergils führen möchte und, indem er Vergil zum Redner ernennt, von Augustinus gemäß den epistolagraphischen Normen einen entsprechenden Miteinstieg erwartet. Seine Abwertung des Glaubens sei hierbei außen vor zu lassen. Christian Tornau sieht vor allem in der Briefeinleitung von Maximus bereits eine Anspielung darauf, dass Augustinus dieselbe berufliche „Profession" als Rhetor hatte ehe die Bekehrung stattfand und dass Maximus ihn darauf stoßen möchte:[434]

„Vir eximie, qui a mea secta deuiasti."[435]

Augustinus' Antwort ist geradezu zynisch. Er bricht bereits in seiner Anrede auf provokative Weise mit den Regeln eines höflichen Briefverkehrs und degradiert das Anliegen des Maximus zu einem Witz. In ep. 17,3 bedient er sich dann selbst eines Vergilzitates, welches er dem von Maximus gegenüberstellt: *„Nam si tibi auctoritas Maronis placet, sicut placere significas, profecto etiam illud placet."*[436]

---

[431] Vgl. *ep.* 17,1. Der Brief von Augustinus schließt mit den Worten: „Darüber wird mit Hilfe des wahren und einen Gottes erst dann ausführlicher zu reden sein, wenn ich merke, dass du bereit bist, ernsthaft zu diskutieren." Siehe *ep.* 17,5.

[432] Wie in dem Abschnitt von „„De ordine"" bereits festgestellt wurde, möchte Augustinus die schillernde, dichterische Sprache Vergils und anderer Dichter nicht im Kontext christlich inhaltlicher Diskussion anwenden und verspottet sie auch bei Licentius.

[433] Siehe hierzu Vergil, *ecl.* 2,65.

[434] Siehe *ep.* 16,4.

[435] Das Verbum *secta* meint das Verfolgen einer bestimmten Lebensform –hier im Sinne von einem Ausstieg aus der Rhetorik gemeint. Siehe hierzu Christian Tornau, *Zwischen Rhetorik und Philosophie*, S.40. Dass Maximus schon etwas das Befolgen der Regeln und den Einstieg in den gleichen Stil von Augustinus bezweifelt, könnte durch das Verbum *deviare* zu Ausdruck gebracht sein.

[436] Siehe hierzu Vergil, *Aeneis*, 8,319.

Damit zeigt er seinem Gegenüber, dass er sehr wohl die entsprechenden Techniken beherrscht, was darin mündet, dass nach dem Zitat eine längere rhetorisch durchgefeilte Passage folgt.[437] Dies wird schließlich unterbrochen, indem er ankündigt: „Aber ich nehme mich zusammen, damit du nicht denkst, daß ich mehr mit Rhetorik als mit Wahrhaftigkeit vorgehe."

Hier nun zeigt sich der typisch augustinische Stil, wie er im Vorkapitel bereits angeführt wurde: Nachdem eine genaue Kenntnis der Regeln um einen richtigen literarischen Umgang gezeigt worden ist, geschieht der bewusste Bruch damit. Auf den Beweis, dass die Abkehr von den Bildungsnormen nicht aus Unkenntnis geschieht, folgt die bewusste Abkehr davon hin zum großen Ziel: Der Wahrheitsfindung.

Zusammenfassend lässt sich sagen, dass Augustinus an sich schon in der Lage ist, sich dem Sprachniveau seines Gegenübers anzupassen und damit auch zeigt, dass er die Rhetorik als Kommunikationsmittel in einer christlichen Diskussion bis zu einem gewissen Grade, wie sie für die Findung der Wahrheit (*summum bonum*) vertretbar ist, für anwendbar hält. Andererseits konnte er in diesem Exempel inhaltlich nicht mit Maximus übereinkommen und seinem typisch diagnostisch-pastoralem Stil gerecht werden, wie er ihn u.a. in seinem Brief an Volusianus zeigt.[438] Stattdessen lehnt er Maximus' Sache gänzlich ab und lässt sich nur auf einen kurzen Kampf im Hinblick auf die nicht ganz ernst zu nehmenden Aussagen ein. Die Herabwürdigung des christlichen Glaubens hinunter auf die weltlich-fleischliche Ebene durch die Nutzung eines erotischen Vergilzitates durch Maximus wird in ihm ein Gefühl generellen Unverständnisses seitens Maximus ausgelöst haben und entspräche dem gängigen Bild eines menschlichen Endproduktes des damaligen Bildungsapparates mit falschem Wertesystem, wie er es in den „confessiones" kritisch zeichnet. Auf die augustinische Ablehnung hin scheint auch keine weitere schriftliche Kommunikation der beiden mehr stattgefunden zu haben –jedenfalls ist nichts Derartiges überliefert worden.

VII.IV Sprachstil innerhalb der Predigten

„Man täuschte sich aber, wenn man glaubte, die Stärke der augustinischen Predigt läge im Rhetorischen. Im Gegenteil! Wohl verstand er, wie selten ein anderer, das Handwerkliche des Predigens und wußte es in großer Meisterschaft anzuwenden. Aber sein reicher, tiefer Geist konnte sich damit nicht genug geben. Gewiß, es gibt auch Stellen in seinen Predigten, wo man merkt, wie Augustinus Freude am Wort hat, wo er sich bewußt ist, die Macht des Wortes zu besitzen, seine Zuhörer mit der Kraft seiner Rede beherrschen, sie ganz nach seinem Willen in diesem Augenblick formen zu können [...] Doch solche Erfolge haben ihn nie der eigentlichen Aufgabe des Predigtamtes entfremdet [...] Seine Worte wollten helfen, stärken, trösten, aufrichten, ermuntern, tadeln, wo nötig, aber immer bessern."[439] Auf diese Weise fasste es Albert Schmitt, ehemals Abt von Grüssau, in seinen eigens übersetzten und in einem

---

[437] Augustinus gebraucht Metaphern, Gleichnisse, Alliterationen und andere Stilmittel. Sein Stil ist pathetisch – sprich: Erhaben.

[438] Volusianus stellt in seiner Epistel ebenso Grundsatzfragen, die er von Augustinus beantwortet wissen möchte und zeigt sich dem Maximus charakterlich relativ ähnlich. Die Reaktion von Augustinus ist hier jedoch eine andere. Er sucht ernsthaft zu vermitteln und zu missionieren.

[439] Siehe hierzu A. Schmitt, *Augustinus-Predigten*, S.10. Bei den Rezipienten eine Verbesserung zu erzielen, ist im Sinne der augustinischen Belehrung (*docere*) zu verstehen, von der vor allem in „De doctrina christiana" die Rede ist. Im Sermo 296,5 sagt Augustinus selber: „Ich führe euch auf reiche Weide. Ich nähre mich zugleich mit euch dabei. Der Herr schenke mir daraus die Kraft...."

Werk zusammengetragenen Übersicht über augustinische Predigten zusammen, wie er die Rolle Augustins in Bezug auf die Kunst der Rede sah.

In der Tat zeigt sich bei einer Durchsicht der Predigten, dass der Kirchenvater sich durchaus seiner rhetorischen Vorbildung wohl bedienend war und dass die wenigsten der überlieferten Predigten den sogenannten Stehgreifpredigten im eigentlichen Sinne zuzuordnen sind, sondern in Vorüberlegung inhaltlich konzipiert worden sind, wobei sein Eingehen auf das Auditorium dem Element der Improvisation entspricht.[440] Dies wird allerdings in den folgenden Abschnitten noch einmal eingehender erwähnt werden. Augustinus glänzt in seinen Vorträgen u.a. mit geistreichen Epigrammen, welche mit kurzen Worten ein ganzes Bild zu zeichnen vermögen, wie: „Lauschen wir auf die Stimme der Wahrheit, die geräuschlos im Innern zu uns spricht."[441] Er bedient sich auch der Bilder[442] und hier und da des Redeschmuckes sowie geschickt eingefädelten Wortspielen wie zum Beispiel: *Deus colit homines, homines colunt Deum.*"[443]

Jedoch sei an dieser Stelle ebenfalls zu konstatieren, dass der Fokus bzw. das Ziel, welches er dabei immer wieder verfolgt und wie es in der Zitation von Albert Schmitt auch genannt wurde, die Belehrung über christliche „Glaubenswahrheiten" war und dass er insgesamt den Verstand und nicht das Gemüt der Leute zu erreichen suchte. Nicht umsonst heißt es im Sermo 264,4: „Ich sage dies alles etwas ausführlicher der Brüder wegen, die nicht so rasch zu folgen vermögen; die von euch, die aber schon alles verstanden haben, mögen die Schwerfälligkeit der andern ertragen…" Zur Untermauerung seines Lehranspruches wählt Augustinus vielerorts fließend eingefügte Bibelzitate, welche er dementsprechend in die Position eines beweiskräftigen Mittels stellt. Dass er in einer Art Monolog die Regeln der Argumentation und Beweisführung nutzt, um seine Lehrinhalte dem Auditorium wie ein Sämann einzugeben, nennt er selbst: „Etwas Unerhörtes ist es für menschliche Ohren zu vernehmen, Gott sorge sich um die Menschen. Bisher galt nur das Gesetz, daß die Menschen Gott zu ehren haben. Wir müssen nun also auch den Beweis erbringen, daß Gottes ganze Sorge uns Menschen geschenkt ist." Seine darauffolgende Beweisführung stützt sich gemäß seiner Maxime der unumstößlichen Beweiskraft des Bibeltextes folgend auf Auszügen aus dem Neuen Testament.

Seine Ausdrucksform ist der Zuhörerschaft zugewandt und scheint teilweise die Interkommunikation mit der Zuhörerschaft erreichen zu wollen. So heißt es nämlich in seiner Predigtreihe zu Johannes (Joh. 18,11): „Ich glaube, meine Brüder, wenn wir über diese Dinge reden und uns Gedanken darüber machen, üben wir uns gemeinsam in diesen Wahrheiten." Hierzu tragen auch seine häufig eingestreuten rhetorischen Fragen bei, die er in den Raum wirft und im Nachgang beantwortet.[444] Auch die Bezeichnung seiner Zuhörer als „fratres" und die Verwendung des „Wir" als präferierte Person seiner Verba zeigt, wie geschickt Augustinus

---

[440] Possidius suggeriert in seiner Augustinus-Biographie, dass Augustinus seine Priesterweihe vor allem seiner rhetorischen Bildung und Fähigkeit zu verdanken hatte: „*Sanctus vero Valerius […] exsultabat et deo gratias agebat suas exauditas a domino fuisse preces […] ut sibi divinitus homo concederetur talis, qui posset verbo die et doctrina salubri ecclesiam domini aedificare…*" Siehe hierzu Possidius, *Vita Augustini*, 5,2.

[441] Dieses Zitat stammt aus einer seiner Predigtreihen –in diesem Fall *Joh. 57,3*. Augustinus hat nicht nur Predigten verfasst, die sich thematisch auf Einzelthemen fokussierten, sondern die sich inhaltlich auch über mehrere zusammengehörige Predigten in einer Reihe stützten.

[442] Siehe u.a.: Sermo 87 PL 38, 530-539: „Wie ein Pflug die Scholle aufreißt, so pflügen seine Worte unsere Seele um, legen den guten Samen hinein."

[443] Dieses Wortspiel ist im Sermo 87 PL 38, 530-539 verwendet worden.

[444] Dass ein realer Austausch zwischen Augustinus und dem Zuhörern stattgefunden hat, deutet sich u.a. wie folgt an: „Ich sehe, ihr seid von dieser Tatsache so ergriffen, wie ich selbst davon ergriffen bin." Siehe hierzu Sermo 60 PL 38, 402-409.

in seinen Predigten versucht hat, eine Nähe und das Gefühl einer Kohelet, d.h. eine Identifikation als Gemeinschaft, zu etablieren. Außerdem entspricht die zu Beginn seiner Predigten genutzte Anrufung seiner Brüderschaft um ihr Treun der christlichen Version einer rhetorischen *captatio benevolentiae,* die er für den neuen Kontext entlehnt hat.[445]

Christine Mohrmann, die die altchristliche Sondersprache Augustins untersucht hat, hat zusammenfassend über den Sprachstil gesagt: *„En premier lieu et avant tout la clarté, puis l'expressivité, et en troisième lieu la gravité."*[446] Sie stellte vor allem die Klarheit, die Ausdruckskraft und die Erhabenheit für Augustinus heraus. Jene Effekte konnte Augustinus durch sein Wissen um die rhetorischen Verfahren erreichen. Die Klarheit seiner Sprache gelang ihm durch die Wahl einfacher Worte, einer eindeutigen Syntax und durch aus dem Alltag herausgegriffene Exempla. Ausdruck verschaffte Augustinus sich durch seine direkte Ansprache an das Publikum bzw. innerhalb von fiktiven Gesprächen mit imaginären Gesprächspartnern.[447] Auch seine Parallelismen, Antithesen, Reime und Wortspielerein seien das Ergebnis seiner Ausdrucksfähigkeit, wie Christine Mohrmann bestimmt hat.[448] Zuletzt die Gravität seiner Predigten ist, wie Augustinus selbst sagt, die Einflechtung des Bibeltextes in die Predigt. Dies entspricht auch dem aus seinem Werk „De doctrina christiana" stammendem Paradigma, dass ein schwerwiegender Inhalt auch dementsprechend ein hochtragenden Stil nach sich ziehen könne.

Obwohl Augustinus in mehreren Schriften betont, dass die Pflicht des Predigens ihm sowohl Last auf den Schultern sei, aber auch ein Genuss ob der Anerkennung, die einem guten Prediger zuteilwerde, macht er immer wieder deutlich, dass er sich auf einer Gratwanderung befindet, welche bedeutet, dass ein solcher Genuss die Gefahr des Hochmutes und der Eitelkeit (*vanitas*) mit sich bringen könne. Im Sermo 184 PL 38,995-997 betont er, dass dem Prediger stets eine gewisse Demut innewohnen müsse. In „De doctrina christiana" 4,32 spricht er sogar davon, dass Gott eigentlich die nötigen Worte zur Predigt eingebe und sucht dadurch als Prediger die Trennung von der Überheblichkeit zu begründen.

Mit der hier getroffenen Übersicht zum Stil der augustinischen Predigten wird deutlich, dass Augustinus die Rhetorik als durchaus nützliches Werkzeug für seine Predigttätigkeit ansieht und diese auch verwendet. Im nachfolgenden Abschnitt soll dies in Kürze anhand von direkten Predigtanalysen und Zitationen noch einmal zum Ausdruck kommen.

VII.V Rhetorische Aussagen in den augustinischen Predigten

Etwa fünfhundert Predigten sind für Augustinus belegt und zum großen Teil überliefert worden. Demgemäß kann im Sinne eines kleineren Überblickes dazu nur eine gewisse Quantität zum Wohle der Qualität dieses Kapitels Berücksichtigung finden. Zum Stil von Augustinus ist vorangehend alles Notwendige gesagt worden und daher seien nun vor allem die direkten Aussagen des Kirchenvaters zur Redekunst zu nennen.

---

[445] Eine gern genutzte Bibelstelle zur Erlangung des Wohlwollens zu Beginn seiner Predigten ist bei Augustinus 1. Kor. 3,7.
[446] Siehe hierzu Christine Mohrmann, *Saint Augustine prédicateur*, S. 396.
[447] Hier sei das Stilmittel der *sermocinatio* zu bedenken.
[448] Eadem, idem.

Augustinus nutzt die Rhetorik in seinen Predigten im Sinne christlicher Aufklärung und Missionierung mit dem Ziel die Wahrheit zu vermitteln. Daher ergeht er sich auch darin, zu sagen, dass Worte gute Werke seien, da mit deren Hilfe die Nächsten erbaut werden könnten.[449] Dennoch dürften die Weisen und Klugen nur mit der hinreichenden Demut ans Werk gehen, was einigen wohl nicht gelinge: „Die Weisen aber und die Klugen möchten auch die Geheimnisse Gottes ergründen, vergessen aber dabei die Demut und gelangen deshalb nie ans Ziel. Zu leicht werden sie erfunden, aufgeblasen vom Wind leerer Meinungen, scheinbar hoch erhoben und doch nur erfüllt von hohem Getue, schweben sie gleichsam in schwindelnder Höhe zwischen Himmel und Erde. Gewiß, sie sind die Klugen und Weisen, doch nur in den Augen dieser Welt, nicht aber in den Augen dessen, durch den die Welt geschaffen worden ist.“[450] Augustinus spannt den Gegensatz zwischen weltlichem und überweltlichem Glänzen auf und zeichnet die Demut als regulierende Eigenschaft, die den Prediger abhalten solle, hochmütig (*superbia*) zu werden und sich weltlichen Ansehens zu rühmen.[451] Einige Vokabeln aus diesem Predigtzitat werden gleichbedeutend in den „„confessiones““ genutzt innerhalb seiner Gesellschaftskritik.[452]

Außerdem seien in einem wahren Prediger nur die Demut und die göttlichen Worte zu finden, wenn sein Herz durch den Glauben geläutert sei. Dann erst sei er dazu berufen, sich „aufzuschwingen zum Wort“.[453] Wie sich Augustinus einen perfekten Prediger –vergleichbar mit dem *orator perfectus*- vorstellt, bieten die Predigten nicht als geschlossene Ausführung, sondern Predigten, die Einzelaussagen dazu enthalten, müssen kombiniert werden. Die Intention einer geschlossenen theoretischen Darstellung dieses Themas wird Augustinus sicher nicht in jenem Rahmen verfolgt haben –zumal dies bereits im vierten Buch von „De doctrina christiana“ passiert ist.

„Mit Recht wird die Welt verurteilt, da sie nur das glauben will, was sie sehen kann. Wir aber sollen die Glaubensgerechtigkeit haben, mit der wir die ungläubige Welt überzeugen können.“[454] Nicht nur auf eine weitere notwendige Eigenschaft des Predigers ist dieser Satz gemünzt, sondern er leitet auch zu einem häufig in Augustinus' Predigten kritisierten Motiv: Der Verleitbarkeit des Auditoriums. Auch das in Sermo 60 PL 38 402-409 Gepredigte sagt über die Hörer: „Wir laufen Scheinwahrheiten nach und lassen uns durch törichte Ratschläge verwirren.“ Beide Ausführungen deuten auch etwas mehr inhaltlich geistige Tiefe an, welche Augustinus hier seinen Zuhörern zugetragen hat.[455] In diesem Falle ist zum einen von dem alleinigen Glauben an die sichtbaren Dinge die Rede und zum anderen wirft Augustinus den Menschen die Gutgläubigkeit gegenüber Scheinwahrheiten vor. Bekannt dürfte dies den philosophisch gebildeteren Anwesenden aus dem platonischen Höhlengleichnis gewesen sein. Da Augustinus jedoch entsprechend seiner eigenen Maßgabe als guter Prediger ein

---

[449] Vgl Johannespredigt 71,1.

[450] Vgl. Sermo 184 PL 38, 995-997, Festpredigt.

[451] Zum Prediger, was für Augustinus gleichbedeutend ist mit dem Jünger Christi, stellt Augustinus sogar fest, dass jener ein „Verkünder lebensschenkenden Wortes" sei. Die Lebensspende in Form des Wortes hat Christus zum Ziel, welcher im biblischen Zusammenhang als Leben, Licht und Wahrheit benannt wird. Entsprechende Explikationen finden sich im Sermo 62 PL 38, 414-416. In der Johannespredigt wird Johannes der Täufer von Augustinus als perfektes Beispiel für die von ihm geforderte Demut eines Predigers in einer Geschichte eingebunden vorgestellt.

[452] Augustinus, *confessiones*, Lib.1, IX,14; Lib.3, III,6.

[453] Siehe Sermo 143 PL 38, 784-787. Über diejenigen, die meinen sich ohne Gottes Hilfe zu Gerechten ausbilden zu können, findet Augustinus deutliche Worte. Sie würden nur Törichtes daherreden können und sich für Vollkommene halten. Sie würden sogar behaupten eine Wundergabe zu besitzen. Siehe hierzu Sermo 90 PL 38, 559-566.

[454] Siehe Sermo 143 PL 38, 784-787.

[455] So manche Predigt scheint vor allem ein gebildeteres Auditorium auffangen zu wollen, wobei hier eher ein gemischtes Publikum zu erwarten sein dürfte.

gemischtes Publikum erwarten konnte bzw. bemerkt hat, genügte ihm an beiden Stellen die kurze Anspielung, sodass die einen sich ihren Teil weiter dazu denken konnten und die übrigen dem Gesprochenen auf leichter Ebene weiter folgen konnten.[456]

Eine grundsätzliche Legitimierung der Rhetorik bietet eine Festpredigt von Augustinus. Dort heißt es: „Schweigen müssen wir, wenn es sich um das eigene Lob handelt; reden aber, wenn es gilt, Gott anzurufen."[457] Dass die Rhetorik von manchen Menschen zu üblem Nutzen gebraucht werde, sei alleine dem menschlichen Makel und Schwäche zuzuschreiben. Es sei möglich sich Gott zuzuwenden und um die Eingabe einer richtigen Zunge zu bitten: „...kein Mensch hat immer und überall seine Zunge bezähmt und beherrscht. Zwar versteht der Mensch wilde Tiere zu zähmen, seine Zunge aber nicht. Er beherrscht den Löwen, versteht aber nicht seine Rede zu zügeln. Er ist Bändiger, kann aber sich selbst nicht bändigen [...] wenn kein Mensch seine Zunge zähmen kann, soll er zu Gott seine Zuflucht nehmen. Er wird ihm die Herrschaft auch über seine Zunge schenken. Wenn wir Menschen selbst aus eigener Kraft uns darum bemühen, wird es uns nicht gelingen, eben weil wir Menschen sind [...] Herr [...] von dir werden wir Gutes erwarten dürfen. Das Übel dagegen kommt nur von uns selbst."[458] Im Grunde genommen entzieht diese Stelle der Redekunst jede Art von Negativität und wälzt diese auf die menschliche Natur ab, die dieses Instrument missbrauche.[459] In einer anderen Predigt entwirft Augustinus sogar ein Modell des menschlichen Verfalls: Der Prozess verlaufe in vierfacher Abstufung. Zunächst beginne es mit der Freude am Bösen im Herzen. Darauf folgten die Zustimmung, dann die Tat und schließlich die Gewohnheit.[460]

Ein letzter noch zu erwähnender Punkt innerhalb dieses Kapitels sei die augustinische Einordnung der christlichen Kirche in den rhetorischen Kontext. Sie beginnt und fußt auf einer Bibelstelle aus den Büchern Mose, welche den Turmbau zu Babel zum Thema hat. Auf den Bau folgte die Sprachverwirrung der Menschen, die alle in unterschiedlichen Sprachen hätte sprechen lassen, sodass alle sich nicht mehr untereinander hätten verständigen können. Hier tritt für Augustinus die christliche Kirche auf den Plan, die allen Menschen eine gemeinsame Sprache bringe, da sie im Heiligen Geist begründet sei: „Christi Kirche ist es, von keiner Zwietracht zerrissen, erfüllt mit der Gabe aller Sprachen."[461] Hier wirkt es geradezu so, als würde Augustinus alleine der Kirche die Nutzung der Rhetorik zugestehen wollen, da sie –mit weiterer Berücksichtigung auf den Prediger, welcher perfekt sei, wenn der Heilige Geist ihm die Worte eingebe- die Repräsentantin der Glaubenswahrheit sei. Da dieser Gedanke jedoch nicht weiter in derselben Predigt weitergeführt wurde und eine Beachtung der zahlreichen übrigen Predigten den Rahmen dieser Arbeit sprengen würde, sei dies als kleine Idee in den Raum gestellt.

---

456 Nicht selten sprechen vor allem Forscher aus der Mitte des 20. Jahrhunderts in ihren Arbeiten zu Augustinus von dessen genialer Virtuosität sich auf das gesamte Publikum einstellen zu können. Siehe hier u.a. Albert Schmitt, Brugessier usw. Des Weiteren sei angemerkt, dass Augustinus in „De doctrina christiana" einen längeren Abschnitt darauf verwendet, die verschiedenen geistigen Bedeutungsebenen zu erläutern, die der Bibeltext biete. Sein Vorgehen ist also biblisch.
457 Siehe Sermo 145 PL 38, 790-796.
458 Vgl. Sermo 55 PL 38, 375-377.
459 Diese sehr gemäßigte Ansicht entspricht auch der, die der Leser in „De doctrina christiana" im Theorieteil wiederfindet. Damit ist auch die noch recht scharfe Polemik aus den augustinischen Bekenntnissen überholt.
460 Vgl. Sermo 98 PL 38, 591-595.
461 Siehe Sermo 271 PL 38, 1245-1246.

VIII Fazit

Der *status quaestionis* der Augustinusforschung ist mittlerweile in Bezug auf die Frage nach der Haltung des Kirchenvaters zur Rhetorik zu einem relativen Konsens gekommen, wobei sich zu gewissen Einzelaspekten dennoch weiterhin Differenzen einstellen. Da Augustinus nicht nur bei seinen Zeitgenossen durch seine geistige Aktivität, sondern auch in seiner Nachzeit (siehe u.a. den wirksamen Einfluss auf die Lebensführung der Regularkanoniker und ebenso auf Bettelorden wie Dominikaner, Mercedarier und Augustiner-Eremiten sowie die bis heute zahlreichen Untersuchungen zu ihm) eine große Rolle spielte und eine breite Palette an Materialien anbietet, konnte auch im Rahmen dieser Arbeit nur ein bestimmter Quellenfundus zur Anwendung kommen. Dennoch gelten die „confessiones" und „De doctrina christiana" zur Recht als die zentralen Werke zur Erörterung dieser Frage, wobei seine Briefwechsel und Predigttätigkeiten in Theorie und Praxis in Form von Einzelbestandteilen die Inhalte beider Werke stützen und/oder bestätigen.

In den „confessiones" ist es vor allem eine Bildungskritik, die Augustinus formuliert: Sein Hauptvorwurf an dem Bildungssystem ist sozusagen die Veräußerlichung der wertmäßigen Orientierung des Menschen und dessen Entfremdung von der göttlichen Wahrheit, welche für den Kirchenvater im Innern des Menschen zu suchen ist. Jene schädliche Entwicklung ist daneben weitestgehend gelöst von dem Lernstoff, der innerhalb der Schule vermittelt wird, d.h., dass er das Problem nicht unbedingt in den Bildungsinhalten sieht, sondern in deren Funktionalisierung. Hieraus zieht Augustinus den Schluss bzw. die Konsequenz, dass das spätantike Bildungsprogramm zwar einer Nutzung durch Christen nicht zugänglich sei, dass aber bestimmte Fertigkeiten aus diesem Kontext entlehnt und einem christlichen Gebrauch nutzbar gemacht werden könnten. Dieser Versuch findet sich in „De doctrina christiana" wieder, indem er die Vorarbeiten und äußeren Umstände des christlichen Predigers definiert und schließlich im vierten Buch ein ganzes System zum Halten einer Predigt aufstellt, wobei er bestimmte Kenntnisse und Fähigkeiten aus der Rhetoriktheorie entlehnt.[462]

Dass Augustinus als Repräsentant seiner Zeit entsprechend seiner kulturellen Bindung und sozialen Vergangenheit keine gänzliche Loslösung vom äußeren Gedankengut schaffen konnte bzw. auch nicht wollte, da er es als eine Aufgabe sah in Kommunikation mit möglichst Vielen zu sein und auch möglichst Vielen zum christlichen Weg zu verhelfen, zeigt sein Stilreichtum, mit welchem er schriftlich und verbal auftrat.[463] So finden sich bei ihm der schlichte Stil von dogmatischen Predigten sowie exegetischen und theologischen Abhandlungen, der mit den Mitteln der Kunst veredelte Stil u.a. noch recht stark in den „confessiones" sowie in bestimmten Briefen und Predigten und auch der pathetische Stil in Ermahnungen und Werken der Polemik, Kontroverse und der Apologetik, wobei sich die meisten Forscher darin einig sind, dass Augustinus sich vor allem der christlichen Tradition mehr verpflichtet sah als der profanen und sein Ziel der Wahrheitsfindung und -weitergabe das Höchste war. Durch seine osmotische Beziehung zur Gesellschaft und sein Ziel andere zu missionieren erklärt sich die sinnvolle Entlehnung von rhetorischen Grundgerüsten für seine christliche Variante, da die Gesellschaft durch die Schulbildung jenen schon vertraut war und ihnen daher einen umso besser gangbarer Weg hin zum Christentum möglich war.

---

[462] Brown schrieb dazu: Und doch ist dieses Buch eines der ihm eigentümlichsten Werke, das er je schrieb, denn es beschäftigte sich ausdrücklich mit den Bindungen gebildeter Christen an die Kultur ihrer Zeit." Siehe hierzu Brown, S.231.

[463] Krämer spricht u.a. von einer kulturellen Osmose, welcher er sich nicht ganz hätte entziehen können. Siehe hierzu Krämer, S.33.

Primärliteratur:

Aristoteles, *Ars rhetorica. Recognovit brevique adnotatione critica instruxit W. D. Ross.*, 1959

Augustinus A., *De doctrina christiana*, ed. R. P. H. Green, Oxford 1995

Augustinus A., *Confessionum Libri XIII*, ed. M. Skutella, in: Bibliotheca Teubneriana, Berlin 2009

Augustinus A., *De magistro*, hg. W. Geerlings/T. Fuhrer München 2002

Augustinus A., *De beata vita*, 1982

Augustinus, *Contra Academicos, de beata vita, „De ordine"*, ed. S. Adam, 2017

Cicero M. T., *Scripta quae manserunt omnia. Fasc. 3., De oratore*, hg. v. Kazimierz Feliks Kumaniecki, Teubner, Stuttgart/Leipzig 1995

Cicero M. T., *De inventione. Über die Auffindung des Stoffes*, hg. T. Nüßlein, Düsseldorf 1998

Novum Testamentum Graecae, Onlineressource

Pollmann K., *Die christliche Bildung*, Stuttgart 2002

Quintiliani M. F., *institutiones oratoriae libri duodecim*, rec. M. Winterbottom, Oxford 1970

Thimme W., *Augustinus, Theologische Frühschriften Vom Freien Willen, Von der wahren Religion*, Stuttgart 1962

Sekundärliteratur:

Alfaric P., *L'évolution intellectuelle de saint Augustin. Du manichéisme au néoplatonisme*, Paris 1918

Augustinus A., *Bekenntnisse*, übers. K. Flasch, Stuttgart 2009

Augustinus A., *Die christliche Bildung*, übers. K. Pollmann, Stuttgart 2013

Baader F.H., *Die Geschriebene I/II*, Schömberg 2007

Brown P., *Augustinus von Hippo*, Frankfurt am Main 1967

Courcelle P., *Recherches sur les confessions de S. Augustin*, Paris 1950

Drecoll V. H., *Augustin-Handbuch*, Tübingen 2014

Drobner H. R., *Augustinus von Hippo, Predigten zu Kirch- und Bischofsweihe*, Frankfurt am Main 2000

Enos R. L., *De doctrina christiana and the search for a distinctly christian rhetorik*, Waco 2008

Fuhrer T., *Augustinus*, Darmstadt 2004

Fuhrer T., *Augustin, Contra Academicos*, Berlin 1997

Fuhrer T., *Die christlich-philosophischen Diskurse der Spätantike: Texte, Personen, Institutionen*, Akten der Tagung Februar 2006, Stuttgart 2008

Fuhrmann M., *Die antike Rhetorik*, Bergisch Gladbach 2007

Geerlings W. et al., *Augustinus Opera, Possidius. Vita Augustini*, München 2005

Hadod I., *Geschichte der Bildung*, Stuttgart 1997

Harden G. M., *The incarnation of the word: The theology of language of Augustine of Hippo*, 2012

Hoffmann Dr. A., *Des heiligen Kirchenvaters Aurelius Augustinus ausgewählte Briefe*, Bd. V/X/XI, 1917

Kant, I., *Kritik der Urteilskraft*, hg. K. M. Guth, Berlin 2016

Keseling, P. Dr., *Augustinus, Von der Ordnung*, Münster 1939

König E., *Augustinus Philosophos*, München 1970

Krämer T., *Augustinus zwischen Wahrheit und Lüge*, Göttingen 2007

Lausberg H., *Handbuch der literarischen Rhetorik*, Stuttgart 1990

Marrou H.-I., *Geschichte der Erziehung im klassischen Altertum*, Freiburg 1957

Marrou H.-I., *Augustinus und das Ende der antiken Bildung*, Paderborn 1995

Mayer C., *Augustinus-Zitatenschatz. Kernthemen seines Denkens*, Basel 2018

Mohrmann Chr., *Saint Augustin prédicateur*, in: Études sur le latin des chrétiens, tome I, Rom 1958

Perl C. J., *Die Retractationen in zwei Büchern*, Paderborn 1976

Prestel P., *Die Rezeption der ciceronischen Rhetorik durch Augustinus in „De doctrina christiana"*, Frankfurt am Main 1992

Schenker A., *Biblia Hebraica Stuttgartensia. Editio funditus renovata*, Stuttgart 1997

Schmitt A., *Augustinus-Predigten*, Mannheim 1947

Tornau C., *Zwischen Rhetorik und Philosophie: Augustinus' Argumentationstechnik in De civitate dei und ihr bildungsgeschichtlicher Hintergrund*, Berlin 2006

Uhle T., *Augustin und die Dialektik*, Berlin 2012

Vergilius Maro P., *Aeneis*, übers. K. Vretska, Ditzingen 2007

Ward, J.O., *Roman Rhetoric and it's afterlife*, in: A companion to Roman Rhetoric, ed. W. Dominik et al., Oxford 2010

Zelzer M., *Die Briefliteratur*, 1997